私の教え子ベストナイン

野村克也

光文社新書

はじめに

日本野球の「革命者」たち

昭和29年（1954年）、私が18歳でプロ野球の世界に身を投じて早いもので60年、もうすぐ「還暦」を迎える。

ご存じの方もおられると思うが、野球の硬式球の赤い縫い目は108ある。これは偶然にも、仏教でいう人間の煩悩の数と同じだ。

その赤い糸が野球と私を結び、私の人生を紡いできてくれた。

最初は同世代の美空ひばり（2歳下）を目標に、歌手で生計を立てるつもりだった。特徴を出すために声をつぶそうとしたが、なかなか思うようにいかなかった。あれこれ模索した結果、野球と出会うことになる。

生活の一手段として選んだ野球だったが、74歳まで好きな野球のユニフォームを着られて、この野球というスポーツに心底感謝している。

思えば選手として27年、プレイング・マネージャー8年を含む監督生活24年。監督業を退いてからも、ありがたいことに「監督」と呼ばれている。「生涯一捕手、監督四半世紀。双方とも3000試合」、これが私のささやかな誇りである（選手3017試合、監督3204試合）。

そして1000勝以上あげた監督12人の中では、勝率が最も低い。言い訳ではないが、南海、ヤクルト、阪神、楽天と最下位チームばかり任されてきた（ヤクルトだけ就任前年4位）。何とも私らしいではないか（勝率・500＝1565勝1563敗76引分。1565勝は歴代5位）。

今さら言うまでもなく、私は野球が好きだ。野球は、みんなが監督の立場に立てる。「ここは投手交代だ」「ここでヒットエンドランだ」などと考えながら試合を見ることができる。3回表のあそこがポイントだったとか、5回裏がどうだったとか、試合が終わってからでも居酒屋に行って、酒の肴になる話が具体的にできる。そういうところが日本人気質に合っているのだと思う。

この取材を受けるにあたり、編集の担当者にこう言われた。

「四半世紀に及ぶ監督生活の中から野村監督が育てた珠玉の選手、野村監督のお眼鏡にかなった、いわゆるベストナインを選んでいただくのがコンセプトです」

南海時代の杉浦忠、皆川睦雄、江夏豊、広瀬叔功、門田博光、新井宏昌、ヤクルト時代は高津臣吾、古田敦也、宮本慎也、稲葉篤紀。私が長く過ごした2球団から、名球会入り選手が10人も輩出しているらしい（名球会＝昭和生まれで、投手は通算200勝または通算250セーブ、打者は通算2000安打）。しかし私の持論は、選手は勝手に育つものであって育てるものではない。

いささかたとえが適当でないかもしれないが、日本の最高学府の東大に入学できるのは、日本全国から1学年3000人の超エリート。プロ野球はさらにその上をいく1年わずか70人。もともとが「選ばれし者」たちなのだ。

そんな選手たちでさえ私は非難してしまいがちだ。しかも私は、技術が下のレベルから「無視、賞賛、非難」という区別をつけた接し方をしていた。選手を発奮させるために上のレベルの中心選手を非難していたのである。

当然ながら選手を褒めるのは得意なほうではない。だから、球史に名を刻む名選手であっても文中で十分に褒めることができていないのは、この場を借りてご容赦を願う次第だ。

人間とは、欠点のほうが非常に強烈に見えたり、気づいたりするもの。長所は意外に見えなかったり、気づかなかったりすることのほうが多い。

とはいえ、そこが私のよくないところ。いいところを見ようとしない。これは捕手の習性だ。打者の弱点ばかり探しているから、自然と性格がそうなってしまう。「環境が人を作る」というように、捕手という環境が私をこんな人間にしてしまった。

捕手というのは理想主義者、完璧主義者でなければならない。理想と現実は重なりそうで重ならない。そのギャップがぼやかせるのである。

「ぼやきのノムさん」は、そうしてできてしまったのだ。

ただ、選手の名を列挙していくうちに一つの共通のキーワードに思い至った。

江夏豊は「球界に革命を起こしてみないか」という私の言葉で抑えの切り札に定着した、ストッパーのパイオニア的存在だ。ドン・ブレイザーは「シンキング・ベースボール」を日本野球に導入した。広瀬叔功は盗塁を球界に広く認知させた選手だ。

言わば、いずれも日本プロ野球の「革命者」なのである。

「監督・野村克也が選ぶベストナイン」——ただ断っておきたいのは、全ての選手が私とともにチャンピオンフラッグをめざして戦ってくれた同志たちだということ。

まず候補者として、特にバッテリー（先発投手、救援投手、捕手）に関しては各球団最低1人を選ぶようにし、結果、全ポジションで計50人をピックアップした。心情としてはもっと多くの選手の名前をあげたかったことを、どうかお察しいただきたい。

そして、各ポジションNO・1の「ベストナイン」を9人に絞れなかった。「救援投手」「4人目の外野手」「再生投手」「再生打者」を加えて合計13人。多くの表彰がそうであるように、いろいろな部門があったほうが楽しみは増すと考えている。ぜひ楽しみながら読み進めてほしい。

	一塁手	二塁手	三塁手	遊撃手	外野手	外野手	外野手	DH
	ジョーンズ	（山本忠）	富田	（小池）	（島野）	広瀬	（門田）	
	ジョーンズ	桜井	高橋博	（小池）	富田	広瀬	門田	
	ジョーンズ	桜井	（富田）	（佐野嘉）	スミス	広瀬	門田	
	ジョーンズ	（桜井）	藤原	（佐野嘉）	島野	（相羽）	門田	
	パーカー	桜井	（藤原）	（佐野嘉）	島野	ロリッチ	門田	
	（林）	桜井	藤原	（定岡）	（島野）	（新井）	門田	ロリッチ
	柏原	桜井	藤原	（定岡）	ビュフォード	新井	門田	片平
	（ピアース）	（桜井）	藤原	（定岡）	柏原	新井	門田	ホプキンス

	広沢	飯田	（角）	池山	荒井	（栗山）	柳田	
	広沢	レイ	（角）	池山	（秦）	（飯田）	（柳田）	
	広沢	（笘篠）	ハウエル	池山	（秦）	飯田	（橋上）	
	広沢	ハドラー	ハウエル	池山	荒井	（飯田）	（土橋）	
	広沢	（土橋）	ハウエル	（池山）	（荒井）	飯田	クラーク	
	オマリー	土橋	ミューレン	池山	（秦）	飯田	（真中）	
	オマリー	辻	ミューレン	（宮本）	稲葉	飯田	（土橋）	
	（小早川）	（辻）	池山	宮本	稲葉	飯田	ホージー	
	（アンソニー）	土橋	池山	宮本	真中	（飯田）	（ホージー）	

	ジョンソン	（和田）	（ブロワーズ）	今岡	坪井	新庄	（桧山）	
	（大豊）	（平尾）	（ハートキー）	（田中秀）	坪井	新庄	タラスコ	
	（広沢）	今岡	（ペレス）	（沖原）	濱中	赤星	桧山	

	（吉岡）	高須	フェルナンデス	（塩川）	リック	鉄平	（礒部）	山﨑武
	フェルナンデス	高須	（草野）	渡辺直	リック	鉄平	礒部	山﨑武
	フェルナンデス	高須	（草野）	渡辺直	リック	鉄平	（中島）	山﨑武
	（セギノール）	（小坂）	草野	渡辺直	（リンデン）	鉄平	（聖沢）	山﨑武

先発投手は各年度、最低3人を列挙。（　）があるのは規定投球回未満でも活躍した投手。

例えば93年の（伊藤智）は新人王を獲得、また（山田勉）は10勝をあげている。

救援（抑え）投手の表彰が始まったのは74年から、同じくDH（指名打者）は75年から。

【野村監督下24年のレギュラー一覧】

年	チーム	順位	先発	先発	先発	先発	先発	救援	捕手
70	南海	2	西岡	皆川	三浦	佐藤道	村上		野村
71		4	西岡	皆川	三浦		村上		野村
72		3	西岡	江本	三浦	佐藤道	村上		野村
73		1	西岡	江本	松原	佐藤道	山内新		野村
74		3		江本	松原	中山	山内新	佐藤道	(野村)
75		5		江本	松原	中山	山内新	佐藤道	野村
76		2	藤田学	江夏		中山	山内新	佐藤道	野村
77		2	藤田学		金城	佐藤道	山内新	江夏	野村
90	ヤクルト	5	宮本賢	川崎	西村			内藤	(古田)
91		3		川崎	西村	加藤博		岡林	古田
92		1	伊東		西村		岡林	内藤	古田
93		①	伊東	川崎	西村	(伊藤智)	(山田勉)	高津	古田
94		4	伊東			(山田勉)	岡林	高津	(古田)
95		①	ブロス	石井一	吉井	山部		高津	古田
96		4	ブロス		吉井	田畑		高津	古田
97		①		(石井一)	吉井	田畑		伊藤智	古田
98		4	石井一	川崎		伊藤智		広田	古田
99	阪神	6	薮	(メイ)	(福原)			リベラ	矢野
00		6	薮	川尻	(ハンセル)			葛西	矢野
01		6			ハンセル	井川	カーライル	成本	(矢野)
06	楽天	6	一場	山村	(グリン)			福盛	(藤井)
07		4	田中		朝井	(永井)		福盛	(嶋)
08		5	田中	岩隈	朝井			小山	(藤井)
09		2	田中	岩隈		永井		福盛	(嶋)

注／掲載の表は、野村氏がプレイング・マネージャー（選手兼任監督）を務めた70年から。

表にあげた選手は、そのシーズン、各ポジションにおける最多出場選手。

（　）があるのは規定打席未満選手。「順位」の、○囲みは日本一。

目次

2nd INNING

捕手編

3rd INNING

一塁手編

4th INNING

二塁手編

5th INNING

三塁手編

6th INNING

遊撃手編

7th INNING

左翼手編

8th INNING

中堅手編

9th INNING

右翼手編

EXTRA INNING

再生編

【再生・投手】

【プロフィール凡例】
ドラフト表記は、
ドラフト会議で指名された年でなく
実際にプレーを始めた年度。
通算成績は、NPB2012年までのもの。
投手の試は試合、四は四球、振は奪三振。
打者の試は試合、安は安打、
率は打率、本は本塁打、点は打点、
盗は盗塁、失は失策。
●は主なタイトル、
■は主な達成記録など。
72年に表彰が始まったダイヤモンドグラブ賞は、
86年からゴールデングラブ賞に名称変更。
かつての「最高殊勲選手」は、
「MVP」として統一して表記した。

●先発投手

杉浦 忠

南海ホークス

Tadashi Sugiura

左手の記憶。ホップする直球

このシワシワになった私の左手が、すべての投手の投球をはっきりと憶えている。

私がプロ入り以来60年、実際にミットで投球を受け、監督として起用してきた投手の中では文句なく杉浦忠（南海）がＮＯ・１だ。

サイドスローながら、球威、コントロール、打者に立ち向かう気迫は群を抜いていた。ふだんの性格は穏やかだったが、いざマウンドというお山にのぼるや、「投手」らしい性格が頭をもたげた。

杉浦は入団年こそ違えど、私と同い年。立教大では杉浦がエースで、ご存知、長嶋茂雄（巨人）が四番打者、二人は投打の両輪だった。

杉浦は入団1年目の１９５８年（昭和33年）に新人ながら開幕投手を務め、３００イニング近く（２９９イニング）を投げて27勝で新人王。

2年目のシーズンは38勝4敗。38勝も凄いが、長いシーズンで4敗しかしていないのがもっと凄い（勝率・905。371イニング1/3、336奪三振、防御率1・40）。

語り草になっている、あの年の日本シリーズ4連投4連勝。宿敵・巨人をくだして南海初の日本一での御堂筋パレード。

3年目も300イニング以上を投げ、30勝以上をあげた（332イニング2/3、31勝）。

ゆったりとしたアンダースロー気味のサイドスロー。打者の膝元あたりの高さに向かってきた投球が、ホップして空振りしたバットの上を通過する。打者がストレートを待っているところにストレートのサインを出してもミートできない。

いつか、和田博実（西鉄）がアッパースイングした際に低目の投球の下っ面を叩き、ファウルチップが私の喉元に直撃した。キャッチャーマスクに「スロート（喉）ガード」なんかが付いていない時代、激痛で私はもんどりうった。言わんとすることは、投球めがけてスイングしたバットから大きく浮き上がる球威だったということだ。

球種はストレートとカーブの2つだけ。カーブのキレがまた半端じゃない。右打者が体に当たると思って逃げるとギュッギュッと曲がって、ド真ん中。捕手として受けていてそれはラクだった。

実際に私が打者として対戦したら正直、打つ自信がない。
だが、杉浦は連投による血行障害で投手寿命はさほど長くなかった。私がプレイング・マネージャーを任された70年は1勝、そのシーズンを最後にユニフォームを脱いだのだった。

杉浦 忠（すぎうらただし）
【先発投手】
35年9月17日生まれ、
176cm 71kg、右投げ右打ち
★愛知・挙母高→立教大→58年
南海（～70年）
577試187勝106敗　防2.39
2413回⅓　1988安　409四　1756振
●MVP（59年）、最高勝率（59年）、
最優秀防御率（59年）、最多勝（59年）、
最多奪三振（59年・60年）、
ベストナイン（59年）、新人王（58年）
■オールスターゲーム出場6度、
95年野球殿堂入り
★長嶋茂雄、本屋敷錦吾とともに
立教三羽烏と並び称された。
サイドスローからのカーブを武器に、
58年新人開幕投手。59年38勝4敗、
投手5冠王（最多完封9）。
巨人との日本シリーズで
血豆を作りながら4連投4連勝。
65年頃から右腕血行障害。
86年から南海監督。

皆川睦雄

南海ホークス

Mutsuo Minagawa

カットボールの元祖

私のアドバイスを生かしたという観点から名前をあげるなら、やはり皆川睦雄だろう。彼は、私や杉浦忠と同い年だ。

皆川は山形・米沢の高校から南海に入団した。私と同じように二軍で2年間汗を流して、3年目に一軍に昇格した。

遠征に出ると、エース投手とレギュラー捕手ということで、私はいつも杉浦と同部屋だったのだが、いつの頃からか皆川と同部屋になった。皆川がエース候補だったからというわけでは決してない。

当時は旅館で2人1部屋だから、横になりながら自然と野球談議になる。捕手目線で投手に注文したり、アドバイスを送ったりした。その中で鮮明に覚えている会話がある。

「お前、左打者対策を真剣にやらんか。そうしないとこれから先、勝ち星が増えんぞ。右投手のサイドスローは、(球の出どころが見やすい)左打者のカモにされる。

杉浦もサイドやけど、杉浦のまっすぐはホップしてくるから空振りを取れる。投球がバーンとミットを叩いてくる感じ。俺、正直に言うけどな、皆川のまっすぐはお辞儀するんや。シンカーみたいに。全然、質が違うんだよ」

「どうしたらいいんだ……」

「いいシュートを持ってるんやから、その逆の（左打者の内角、胸元や膝元に食い込む）小さいスライダーを覚えろよ。今のまっすぐ、カーブ、シュートだけじゃなくて、な。スライダーの曲がりは、小さけりゃ小さいほどいい」

「わかった。頼むよ。キャッチボールから付き合ってくれ」

投球というものは1球1球を個別に考えるのではなく、「ワンペア」単位で考えるべきだ。例えばストレートに対してカーブで1組、シュートを生かすために逆にスライダーで1組、といった具合だ。

当時はカットファストボールという言葉がなかったからあまり知られていないが、そういう意味では皆川が世界で初めてカットファストボールを投げた投手ということになる。

私がイメージするカットファストボールが、最初はどうしてもスライダーになってしまっていた。

「そんな大きい変化はダメや。もっとちっちゃいの。おお、それやそれ、そんな感じ！」

そのうちブルペンでも、いいカットファストボールを投げられるようになった。そしてオープン戦、後楽園球場で巨人との対戦。忘れもしない一死一・三塁、打席には王貞治。私はタイムをかけてマウンドに小走りに駆け寄った。

「あの、ちっちゃなスライダーを試すのに絶好の機会やぞ。初球、外角のボール球から入る。2球目に行こう」

王がものの見事にドン詰まりの二塁ハーフライナー。あの瞬間の皆川の表情といったら、もう一生忘れられない。ニタッと笑って、何ともいえない顔をして喜んでいた。

それから皆川は一気に自信をつけた。あれだけ左打者を苦手にしていたのが一転、左打者がお得意様になった。張本勲（東映）も榎本喜八（東京）も、並み居る左の強打者がグシャグシャと詰まった。

毎年10勝そこそこだった投手が、そんなカットファストボール1つ、変化球1つ覚えただけで30勝だ。

30勝目と通算２００勝を同時達成。その年は最優秀防御率（1・61）のタイトルも掌中に収めた。

だから、「外角低目に投げるストレートの制球力」と「打者が嫌がる変化球を1つ」持っていると、どんどん勝ち星は増える。ほかの球も生きるからだ。「投手って変われば変わるもんだな」。その教訓を私は皆川から得た。

結局、杉浦の通算187勝を上回る221勝をあげた息の長い投手だった。221勝は現在でも（ダイエー、ソフトバンクを通じて）ホークスの球団記録らしい。

皆川睦雄（みながわむつお）
【先発投手】
35年7月3日生まれ、
179㎝74㎏、右投げ右打ち
★山形・米沢西高（現・米沢興譲館高）
→54年南海（～71年）
759試合221勝139敗　防2.42
3158回　2704安　633四　1638振
●最高勝率（62年・66年）、
最優秀防御率（68年）、
最多勝（68年）、
ベストナイン（68年）
■オールスターゲーム出場6度、
11年野球殿堂入り
★野村・宅和本司・杉浦と同い年。
同じサイドスロー・杉浦の陰に隠れたが、
カットボールを武器に
長く現役を務めた。
通算221勝は球団最多、
また山田久志（阪急）に抜かれるまで
サイド（アンダー）スロー最多勝。
引退後は阪神、巨人、
近鉄コーチを歴任。

西岡三四郎
南海ホークス
Sanshiro Nishioka

監督1年目の開幕投手

西岡三四郎は、高校出2年目の69年に10勝をあげて頭角を現した。私のプレイング・マネージャー1年目の70年、西岡のプロ入り3年目に開幕投手に指名した。

西岡は5年連続2ケタ勝利と安定した数字を残して、私の期待にこたえてくれた。球は速いほうではなく、ナチュラルスライダーが武器だった。

そんな西岡がある日、突然トレードを申し込んできた。

「あのコーチの下ではもう限界です。トレードに出して下さい」

「俺がコーチに話すけどそれでも駄目か?」

「もうどうにもなりません」

というので、

「それじゃ仕方ないな。最後にうぬぼれを言わしてもらうが、お前は俺が受けているから結果が出とる。俺以外の捕手だと勝てんよ」

が別れの言葉だった。

私の長い野球人生の中でもらった褒め言葉で一番嬉しかったのは、私より1歳下、古葉竹識の「ひとこと」だった（古葉＝58年〜69年広島、70年・71年南海、72年・73年南海コーチ、74年〜85年広島コーチ・監督、87年〜89年大洋監督）。

「うまいことリードするもんですね。（西岡うんぬんではなく）ノムさんがリードしない他球団で投げるとしたら、どの投手もマイナス5勝と考えなくてはいけないですね」

その頃から「南海投手－野村のリード＝5勝減」が、トレード時の定説となった。

その後、私は77年を最後に「生涯一捕手」として、南海からロッテ、西武と渡り歩いた。

ロッテはカネやん（金田正一）が監督をやっていた77年・78年頃から、カウント3ボール2ストライクのフルカウントでは必ずスタートさせる傾向にあった。つまりラン・エンド・ヒットだ。

私がロッテから西武に移籍した79年、兄やん（松沼博久＝松沼雅之の兄）をリードしていた試合のこと。一死・二塁、打者は四番レロン・リーでフルカウント。その場面もロッテはきっと動いてくると思った。これはもう賭けだ。私は高目に外れる釣り球を要求した。

一生懸命サインを出しているのに、兄やんは私がカウントを間違えていると思ったらしい。3ボール2ストライクからボール球をほうったら四球になってしまうと、スコアボードばかり見てカウントを確認している。仕方なく、私はタイムをかけてマウンドに走った。

「お前な、こんなときリーに素直にストレートのストライク投げたら、待ってましたとばかり本塁打されるぞ。思い切って高目に、浮き上がるようなお前独特のまっすぐを投げてこい。99パーセント振るから。走者は走ってくるし、三振ゲッツーを狙える絶好のチャンスや」

案の定、三振ゲッツー。私とバッテリーを組むことが多かった兄やんは、その年16勝をあげて新人王に輝いた。兄やんは、引退してからも顔を合わせるたびに言っていた。

「3ボール2ストライクから故意にボール球を投げるなんてビックリした。長いこと投手をやっていて初めて経験した」

「試合」をしているのか、「勝負」をしているのかという考え方の違いであり、私は常に勝負していたわけだ。フルカウントだからストライクを投げなければいけないというルールはどこにもない。打者はストライクを投げてくると本能的に思い込んでいるものだ。

話が少しそれたが、そんな積み重ねを古葉は「野村のリードは5勝分」と表現したのである。その79年、古葉は広島監督として2度目の優勝を果たしている。

移籍した西岡は、76年中日で0勝、77年ヤクルト3勝で翌年引退している。

西岡三四郎（にしおかさんしろう）
【先発投手】
49年4月27日生まれ、
183㎝80㎏、右投げ右打ち
★兵庫・洲本実高→
68年南海（ドラフト2位）
→76年中日→77年ヤクルト（～78年）
209試合62勝62敗0S　防3.36
1074回　1011安　347四　368振
■70年開幕投手、
オールスターゲーム出場1度
★69年から5年連続2ケタ勝利をマーク。
球質の重いストレートと
3種類のスライダーを武器とした。
野村監督がプレイング・
マネージャー初年度の70年に
開幕投手に指名された。
76年に星野秀孝と交換トレードで中日へ、
77年に金銭トレードでヤクルトへ移籍した。

三浦清弘

南海ホークス

Kiyohiro Miura

牽制球とクイックモーション

三浦清弘は、あの稲尾和久（西鉄＝別府緑丘高）より1歳下、同じ大分県・別府市の出身。現役20年近くで通算130勝以上あげている。

三振をたくさん取る投手ではなかったが、いろいろな球種を投げてそこそこコントロールがよく、最優秀防御率のタイトルも獲得した。とても器用な投手で、三浦で思い出すのが牽制球とクイックモーションだ。

牽制球を投げさせるときは、捕手から投手に「一塁に牽制球を投げろ」というサインを出す。牽制球の主な目的は2つある。

・一塁走者にいいスタートを切らせない、あわよくば刺す。

・相手の作戦を見破る。

走者がリードを取れば、走るときと走らないときとで仕草に小さな変化が現れる。それをマスク越しにジッと見ていると、「ああいうときは走らない」「あ、ちょっと変わった、くさいぞ」と感じる。

簡単に言えば雰囲気だ。だから投手に一塁牽制球を投げさせることによって、もう1度様子を見たり、走者のスタートを遅らせたりする。

そうやってヒットエンドランや盗塁の作戦を見抜き、ピッチドアウト（意図的に外すこと）して、捕手からの二塁送球で走者を随分と刺したものだ。それが捕手の楽しみの1つでもあった。

ところが相手チームは、三塁コーチの出すサインがバレているのではと疑心暗鬼になる。徳武定之（現・定裕）が中日コーチ時代に、オープン戦で三浦が登板したとき、投球を全て外して盗塁を完全に阻止した。試合後、徳武が南海宿舎の私を訪ねてきた。

「なんでわかるのか教えてください」

「それは企業秘密だから教えられない」

「僕のサインがみんなわかるんですか」

「いや、それも教えられない」

そのうちどのチームも、牽制を入れると「バレたかな」とサインを改めて出し直すようになった。走るのを取り消したり、そのまま続行のサインもあった。こちらがもう1度牽制球で探りを入れると、相手がまたサインを出し直すイタチごっこ。いたずらに試合が長引くばかりだった。

それで我々は次のような苦肉の策をとった。

まず、ストレートでも変化球でも球種のサインを捕手が出してから投手にセットポジションに入らせる。牽制球はなしだ。そして投げる瞬間、捕手の私が捕球姿勢の構えで首を縦に振った場合はそのまま投球。あるいは投球直前に、私が「走ってくる。外せ！」の合図を右手ですると瞬間的にピッチドアウトする。三浦は牽制自体はそんなに上手くなかったが、そのへんの器用さが彼の真骨頂だった。

「首振り牽制」も考えた。一般的に投手が捕手のサインを見て「首を横に振る」ということは、すでに牽制球はなく、バッテリーは球種のサイン交換に入っていることを意味する（牽制球のサインに対し、投手はふつう首を横に振って否定することはしない）。ということは、その時点で一塁走者は盗塁のスタートを切るつもりでいていいわけだ。

それを逆手にとり、投手に首を横に振らせておいて一塁牽制球を投げさせると、逆を突かれた一塁走者を刺すことができる。やがてこの策も球界に浸透してしまったが……。

盗塁に関して言えば、福本豊（阪急）の出現によってわれわれは「クイックモーション」の導入を余儀なくされた。私がプレイング・マネージャーに就任した70年から13年連続盗塁王。年間10

0個以上走ったシーズンもあった。

盗塁阻止はバッテリーの共同作業だ。捕手の私が投球を捕ってからどんなに早く二塁へ送球しようとも、福本はもうスライディング体勢に入っている。刺せるわけがない。投手がセットポジションで投げようとも、それ以前に足を高く上げた大きなモーションで投げていたら意味がない。

当時は「クイックモーション」という言葉自体がなく、とにかく「小さいモーションでほうれ」と投手に口酸っぱく言った。だから誰が命名したのか定かでないが、いつしか呼び名が定着した「クイックモーション」を球界に広めたのは私ということになる。逆に言えば、クイックモーションの必要性を感じさせた福本は偉大な走者だった。

球種で「首振り」というサインも作っていた。例えばカウント3ボール0ストライクや3ボール1ストライクでは、状況的に次の球は100パーセントの確率でストレート。変化球はない。そんなときこそ投手に首を振らせる。すると打者は「この場面は絶対まっすぐのはずなのに、首を振るということは変化球か」と迷いが生じる。

私も打者の立場からすれば、投手が首を振ることによって球種が絞れた。性格が真正直で、ストレートに自信がない投手にストレートのサインが出されると、自信なさげに首を横に振ってしまうものなのだ。
カットファストボール、牽制球から相手の作戦を見抜く方法、クイック投法、首振り、データの収集・活用……。口はばったいけれど、いろいろな意味で私も日本プロ野球を随分変え、相当貢献していると思うのだが、誰も「野村が最初だ」と言ってくれないのは残念だ。

三浦清弘（みうらきよひろ）
【先発投手】
38年9月2日生まれ、
180㎝82㎏、右投げ右打ち
★大分・別府鶴見丘高→
57年南海→
73年太平洋（～75年）
553試合132勝104敗0S　防3.09
2280回　2106安　697四　1052振
●最優秀防御率（65年）
■オールスターゲーム出場2度
★62年に自己最多の17勝をマーク。
65年は防御率1.57でタイトル獲得。
62年・63年・66年・69年と
投球回200を超えたのが4シーズン。
オールスターゲーム出場は65年・66年。
野村政権下の70年から8、13、9勝。
現役19年で100奪三振以上は
62年の222回⅓143個だけ。

川崎憲次郎

ヤクルトスワローズ

Kenjiro Kawasaki

シュート習得、初心の沢村賞

三浦清弘、稲尾和久と大分県つながりで、ヤクルトは川崎憲次郎から始める。

ヤクルト監督就任前年の89年、内角ストレートを投げて本塁打された新人・川崎の登板試合をたまたまテレビ解説していた。実は川崎の「内角ストレート」勝負がその当時から気になっていた。

「内角ストレート」にストライクは不要。ボール球にしなくてはならない。「内角ストレート」を流行《は》《や》らせたのは江川卓（巨人＝79年〜87年）だ。江川のように球が速く、かつコントロール抜群という厳しい条件が整う投手は、例外中の例外だ。

「沢村栄治さんが大目標。将来、最多勝のタイトルを獲りたい」

川崎は入団時の目標に、真っ向勝負の日本野球草創期の大エースの名前をあげたらしいが、90年に本塁打配給王（26本）で最多敗戦投手（13敗）になり、これはいよいよシュートを覚えさせないとダメだと思った。

だが一方で川崎は90年12勝、91年14勝、93年10勝とそこそこの数字を残していた。しかし、シュートはヒジを痛めるのではないかという不安が常に投手につきまとう。しかも川崎は92年にヒジを痛め、1年間を棒に振っている。その川崎とは長い年月をかけてシュート談義を重ねたものだ。

まず彼に言ったのは、「内角まっすぐストライクの発想をやめろ」ということ。長距離打者というのは、2ストライクに追い込まれるまで内角に的を絞っていることが多く、本塁打できる球を待っている。したがって、内角ストレートをマークしながら変化球に対応していくという形を取る。

また、外角低目でまとめれば長打を防げるのは投球の基本だ。内角は、外角低目を効果的に使うためにある。内角と外角は連携していて、切り離して考えてはダメ。それを理解させた。

投球の原点は外角低目。「原点」へのコントロールがあったら、プロとして投手として生きていける。原点能力だ。加えるに「打者が嫌がる球種」、もしくは「打者がマークする必要がある球種」を1つ持っていれば、鬼に金棒。手っ取り早いのがフォークボール。フォークは打者がみな嫌がる。現在はフォークボール全盛期だ。

その打者が嫌がる球種として、私は川崎にシュートを勧めたのだ。右投手は、右打者の内角にほんの少し曲げるだけでいい。打者はファウルでもよければ内角球をバットに当てることは簡単だ。しかし、90度のフェアエリア内に打ち返すのは難しい。それには高度なテクニックが必要なのだと言い含めた。

シュートで鳴らした西本聖*（巨人ほか＝76年〜93年）が評論家としてヤクルトのキャンプを見に来たとき、尋ねたことがある。その答えは川崎にも伝えた。

「シュートは、大きくひねってヒジを痛める危険性があるのか」

「それはウソの常識です。ヒジをひねるのではなく、球の握りを少し変えるだけでいいんですよ。人さし指に力を気持ち加えるのです。あとは左肩をほんの少し開き気味に投げます」

その後、川崎が94年から97年まで好成績をあげられなかったことが、シュート習得の決心につながったのかもしれない。

変化が大きな球であるカーブやスライダーは、打者からだいぶ遠いところから変化し始めるから判断の時間が生まれる。小さい変化球ほど、打者の近くで変化するのだ。

皆川睦雄の話に出たカットファストボールにしても、シュートや最近のスプリット・フィンガード・ファストボールにしても、小さい変化だから打者が途中までストレートだと思って振りにいくと、手元からキュッと曲がるから厄介なのだ。

シュート効果はテキ面だった。98年、川崎は右打者をグシャッとみごとに詰まらせ、凡打の山を築く。チェンジになってベンチに戻ってくる捕手の古田敦也に、伊藤智仁が尋ねていたことがいまだに耳に残っている。

「古田さん、どれぐらい曲がってるんですか。30センチくらい大きく曲がってるんですか」

「そんなに曲がってないよ。こんな少しだよ」

「えっ、本当に⁉」

数字で言えばほんの5㎝程度だろう。次第に川崎本人も、「三振には3球を要するが、内角シュートなら1球で打者を打ち取れる。省エネ投法だ」と言うまでに考え方が変わっていた。

・90年29試12勝13敗　202回⅓　194安　73四　154振　防4・05（17位）
・98年29試17勝10敗　204回⅓　195安　55四　94振　防3・04（8位）

90年と98年、同じような投球回。奪三振が減っているのに、与四球も減り防御率が向上、勝ち星も伸びた。10年目にプロ入り当初の目標、最多勝のタイトル獲得を実現し、沢村賞を受賞した。

＊　西本聖はナチュラル気味のシュート、または曲がりながら落ちるシンカー気味のシュートが持ち球。平松政次（大洋）のシュートは、真横に切れ味鋭く変化することから「カミソリシュート」と言われた。

川崎憲次郎（かわさきけんじろう）
【先発投手】
71年1月8日生まれ、
180㎝78㎏、右投げ右打ち
★大分・津久見高→
89年ヤクルト（ドラフト1位）→
01年中日（〜04年）
237試88勝81敗2S 防3.69
1411回⅓　1356安　475四　874振
●最多勝（98年）
■94年・04年開幕投手、
98年沢村賞、オールスターゲーム
出場4度
★92年優勝時は右ヒジ痛で未勝
利も、翌93年は復活の10勝、
西武との日本シリーズで
2勝をあげMVP。
もともとフォークを武器にしたが、
シュートを覚えて98年最多勝。
巨人キラーとしても名をはせ29勝（24敗）。
FAで中日移籍するも、
右肩痛で4年間0勝。

伊藤智仁

ヤクルトスワローズ

Tomohito Itoh

歴代最強「高速スライダー」

私の選手専任時代を含めれば、先発投手NO・1は間違いなく杉浦忠なのだが、「兼任を含めた監督時代限定」という今回のコンセプトの条件から杉浦は外れる。私のプレイング・マネージャー1年目の70年、杉浦はわずか1勝に終わり、その年限りでユニフォームを脱いだ。

そうなると、**私が出会った最強の先発投手はトモだ。伊藤智仁。**球がいい、テンポがいい、心意気がいい。ただ、2ケタ勝利をあげた経験はない。それでも伊藤だ。体型は手が長く、まるで投手をするために生まれてきたようだ。今度会ったとき、どれくらい長いか、私と比べてみようと思っている。

トモに匹敵する「高速スライダー」というのは、私の60年のプロ野球生活で見たことがない。スライダーは稲尾和久（西鉄）の代名詞だが、私が稲尾と対決して嫌だったのは実はシュートだ。打ちにいくのに踏み込もうとすると、グッと食い込んでくるシュートが邪魔だった。それを警戒するあまり、あのスライダーに余計に手こずった。

つまり、ことスライダーに関しては間違いなくトモが別格なのだ。

成田文男（ロッテ）も高速スライダーの持ち主だったが、トモとは質が少し違った。成田のはナチュラルスライダー。だから、意識してひねったスライダーは、打者から少し遠いところから早目に曲がり出した。

トモの高速スライダーの特徴はブレーキ。ギュッギュッと曲がる感じだ。どちらかと言うとカーブに近い。ノーワインドアップ投法から長い腕をグルリとテンポよく回し、132〜133キロのスピードのまま素早く鋭角的に曲がり落ちる。

しかも腕がそうとう遅れて出て来るから、投球モーションに合わせて打者がタイミングを取ってバットを振りにいっても、まだトモの右腕は残っていた。打者が前方に体重移動してからスライダーが来るという感じで、タイミングが全く合わない。

早いもので、もう丸20年も前になる。93年4月、神宮球場でのプロ初登板初先発の阪神戦、いきなり10三振を奪って初勝利をあげた。

6月の巨人戦でのセ・リーグタイ記録1試合16奪三振は強烈だった。本塁打キングの称号を引っ提げて来日した現役バリバリのメジャー・リーガー、ジェシー・バーフィールドもトモのスライダーにはお手上げ。もっとも16個目を奪った直後、9回二死から篠塚和典（利夫）にサヨナラ本塁打を浴びたのだが……（93年6月9日、金沢）。

その後、肩の故障でリタイアしたものの、新人で100奪三振両リーグ一番乗り（20年ぶりに13年、巨人・菅野智之が記録）。今中慎二（中日）や槙原寛己（巨人）をしのぎ、自分の投球回を上回る三振ペースだった（109回で126奪三振）。

前半戦の活躍だけで新人王を獲得（先発12試合、7勝で4完封、防御率0・91）。しかもその年、高校出の新人ながら2ケタ本塁打（11本＝セ・リーグ高卒新人最多）した松井秀喜（巨人）を抑えての受賞だ。

実はドラフト会議でトモを獲るか、その松井を獲るか、意見が割れた。スカウト陣は「この松井という選手は何十年に1人出るか出ないか。獲っておかないと……」と固執したが、チームは投手の頭数が足りなかった。

「松井はともかく、伊藤智仁って、そんなにいい投手か？」

「はい、そうとう、いいですよ」

「じゃあ、投手を獲ってくれ。エース候補だけはなかなかいい素材と巡り合えない。そんなにいいなら伊藤智仁を獲ってくれ！」

結果的に私が見てきた中で歴代NO・1投手なのだから、自分の選択もまんざらではなかった。

ただ、トモの難点はすぐ故障するところだった。「ガラスのエース」と揶揄されたくらいだ。肩の関節がかなり柔らくて可動域が広い分、あの鋭角的な高速スライダーを投げられるのだが、反面、投げた瞬間に肩の関節が外れやすい。それが神経に触って肩を壊すらしい。まさに「両刃の剣」なのだ。

96年オフ、球団納会のとき、トモに「リハビリはつらいか」と声をかけたら、「つらいです」と涙をこらえて正直に胸の内を明かしてくれた。

ストッパー・高津臣吾の調子が芳しくなく、97年に思い切って抑えに起用したら153キロを出して復活を遂げた（7勝19セーブ）。

翌年から先発に戻し、3年ほど経《た》ってまた肩・ヒジを壊してしまったのは、あふれる才能からして重ね重ねも残念だった。

伊藤智仁（いとうともひと）
【先発投手】
70年10月30日生まれ、
183cm 76kg、右投げ右打ち
★京都・花園高→
三菱自動車京都
→93年ヤクルト（ドラフト1位〜
03年）
127試37勝27敗25S　防2.31
558回　421安　176四　548振
●新人王（93年）
■93年1試合16奪三振（セ・タイ）
カムバック賞（97年）
★153キロのストレートと鋭角に曲がり落ちる高速スライダーが武器。93年1試合16奪三振、7勝中4完封という衝撃デビュー。右ヒジ痛で早々と戦線離脱も、実働3カ月ながら新人王。常にルーズショルダーに悩まされたが、97年ストッパーでも26セーブポイント。

岡林洋一

ヤクルトスワローズ

Youichi Okabayashi

平成の鉄腕。黄金時代の開幕投手

岡林洋一は91年に新人ながらストッパーを務めた（先発3試合を含む45試合12勝12セーブ）。同期の高津臣吾がストッパーに定着したのは2年後の93年から。

翌92年、先発・抑えにフル回転で投げた岡林は、ヤクルト14年ぶりリーグ優勝の功労者だ。

特に92年9月11日甲子園球場。9回二死から八木裕がサヨナラ2ランと思いきや、打球は外野フェンスに直撃、そのままスタンドインしてしまうという珍事があった。判定が抗議により覆され、エンタイトル二塁打になった。

7回から岡林をリリーフのマウンドに送っていたのだが、当時の規定で最長の延長15回までの9イニング、阪神打線と騒ぐ阪神ファンを「完封」してしまった（133球、被安打7）。

史上最長6時間26分（中断37分を含む）、引分再試合となる死闘。時計の針はとうに午前零時を回っていた。

結果的にこの日（109試合目）から130試合目の10月10日までちょうど1カ月、阪神と死闘を繰り広げることになる。

ヤクルト、阪神が甲子園での直接対決2試合を残して、ヤクルトが2ゲームをリード。ヤクルトが1勝すれば即、優勝決定だが、阪神が2連勝すればプレーオフ。史上まれに見るデッドヒートだった。その初戦130試合目でヤクルトは粘る阪神を競り落とした。

ヤクルトが勝っても本拠地の阪神ファンに配慮して胴上げは行わない、という試合前の申し合わせだった。優勝が決まるとナインはマウンドをめざして走った。誰彼ともなく抱き合っていた。

そして、ついにナインは我慢できなかった。歓喜の輪ができ、その周囲をガードマンが守る厳戒態勢の中、図らずも私は5度、6度と宙に舞うことになった。

「こんなに幸せでいいんかな。日本一幸せや」

私は胴上げされてのコメントをそう残した（岡林は92年34試合23先発12完投、15勝10敗0S、投球回197、防御率2・97）。

続く西武との日本シリーズでも岡林は第1戦、4戦、7戦と完投してくれた。ドロンとしたカーブは、西武打線に非常に効果的だった。

まさに闘志あふれる孤軍奮闘の投球。ペナントレースからの鉄腕ぶり。だから熱烈なヤクルトファンに言わせれば、「岡林は特別な存在」らしい（3試合3先発3完投、投球回30、投球数430。1勝2敗0S、防御率1・50、日本シリーズの投球回30は59年南海・杉浦忠以来33年ぶり、3完投は64年南海ジョー・スタンカ以来）。

日本シリーズは短期決戦だから、エースの宿命として連投というのは当然あるのだが、当時は「登板過多が原因で肩を壊した」と新聞に書かれて、そんなに投げさせてしまっただろうかと私も気を病んでいた。

肩を痛めてから、優勝祝賀会やオフの球団納会では「壁の花」であることが多く気の毒だった。

それでも何かの番組で「同じような状況でもう1度投げろと言われれば、喜んで投げます」と岡林が言ってくれたことを人づてに聞いて、私は安堵《あんど》した。

投手はお山の大将のような性格の持ち主が多いのだが、岡林は投手らしからぬ、謙虚で本当に真面目な性格だった。

ヤクルト監督9年間で4度の日本シリーズ進出。この黄金時代のプロローグは岡林の熱投なしには語れない。

岡林洋一（おかばやしよういち）
【先発投手】
68年4月11日生まれ、
186㎝79㎏、右投げ左打ち
★高知・高知商高→専修大→
91年ヤクルト（ドラフト1位～00年）
175試53勝39敗12S　防3.51
766回　781安　166四　472振
■92年日本シリーズ敢闘賞、
95年開幕投手、
オールスターゲーム出場3度
★92年、先発にリリーフにフル回転で15勝。
チームに14年ぶり優勝をもたらす。
9月11日の阪神戦で7回からリリーフし、
延長15回まで9イニングを「完封」。
日本シリーズでは
第1・4・7戦に完投の鉄腕ぶり。
現役10年間53勝中、
最初の5年間で50勝をマーク。

西村龍次

ヤクルトスワローズ

Tatsuji Nishimura

開幕のジンクス

89年秋は、社会人野球から野茂英雄（新日鐵堺→近鉄）・与田剛（NTT東京→中日）・潮崎哲也（松下電器→西武）・佐々岡真司（NTT中国→広島）、大学野球から佐々木主浩（東北福祉大→大洋）、葛西稔（法政大→阪神）、小宮山悟（早稲田大→ロッテ）、酒井光次郎（近畿大→日本ハム）と豊作ドラフトだった。

それは私のヤクルト監督就任が決まった直後の会議で、1位指名したのが西村龍次（ヤマハ）、2位が捕手の古田敦也（トヨタ自動車）だった。この2人と私は、いわば「ヤクルト同期入団」になる。

私のヤクルト監督1年目の90年は5位に終わったが、翌91年に3位浮上。そのオフ、私はマスコミに断言した。

「15勝級投手が2人（西村、川崎憲次郎）、打撃3部門を狙う打者もそろった（打率＝古田、本塁打＝池山隆寛、打点＝広沢克己）。チームには1年目に種をまき、2年目に水をやった。3年目は花を咲かせてみせましょう」

有言実行で3年目の92年、14年ぶりのリーグ優勝を果たした。その年、「お前がエースだから」と早々と開幕投手に指名したのが西村である。

西村はシュートとカーブがすぐれた投手で、エース格として入団以来4年連続2ケタ勝利をあげた（10勝、15勝、14勝、11勝）。投手陣の屋台骨を支え、私の発言を実現してくれたわけだ（02年〜06年に石川雅規が入団以来連続2ケタ勝利の球団記録を更新）。

強気でも有名だった。ある年、中尾孝義（当時・巨人）が空振りしたバットがマウンドに飛んでいった。中尾はセンスのある選手だっただけに半ば故意だったと思うが、西村はそれを叱りつけたのだ。当時、巨人コンプレックスを抱く選手が多い中、西村にはその意識は微塵もなかった。監督4年目の93年、彼とともについに日本一を達成した。

移籍した近鉄では西村はそんなに活躍できなかったが（95年5勝・96年0勝・97年0勝）、ダイエー時代は、98年テスト入団で10勝をあげた。開幕投手を務めた99年に球団創設11年目で初の日本一、00年にもパ・リーグ優勝を果たすというツキのある投手だった。運も実力のうちである。01年も開幕投手だったがチームは2位に終わり、その年限りで引退。強気は開幕の大舞台にうってつけであった。

吉井理人

ヤクルトスワローズ

Masato Yoshii

10年越し胴上げ投手

西村龍次と95年に交換トレードとなったのが吉井理人（近鉄）だ。

吉井は88年最優秀救援投手。だが、88年「10・19」*のダブルヘッダーの2試合とも、仰木彬監督が最後のマウンドに送り出したのは、本来先発投手の阿波野秀幸だった。翌89年近鉄が雪辱を果た

西村龍次（にしむらたつじ）
【先発投手】
68年7月18日生まれ、
182 cm 94 kg、右投げ右打ち
★香川・寒川高→ヤマハ→
90年ヤクルト（ドラフト1位）→
95年近鉄→
98年ダイエー（～01年）
205試合75勝68敗2S　防3.76
1234回　1225安　453四　719振
■オールスターゲーム出場2度、
98年カムバック賞、開幕投手5度
★入団以来4年連続2ケタ勝利。
辛口で鳴る野村監督をして
「15勝級投手2人（西村・川崎）
に、3冠部門を狙う打者（古田・
池山・広沢）がそろった。92年は
花を咲かせる」と言わしめた。
吉井とのトレードで95年近鉄に。
92年・93年・99年・00年に
開幕投手で優勝。

したとはいえ、締めくくりはやはり阿波野。守護神・吉井の心中は察するに余りある。

さらに、93年就任の鈴木啓示監督と近鉄投手陣の折り合いは芳しいものではなかったと聞く。それで吉井のトレード話が持ち上がった。「吉井なら獲れ！」と球団編成部に指示したのだが、近鉄が交換要員に事もあろうにエース・西村龍次を指名してきたのだ。

西村はドラフト1位だから、球団に申し訳ないと思ったのだが、西村は打撃が全くよくなくてバントも全くできない。DH制で投手が打席に立たないパ・リーグのほうが西村にとってもいいだろうということで最終的に落ち着いたのだが、結果的に吉井の打撃も似たようなものだった。

吉井はセ・リーグで3年連続2ケタ勝利（完投も95年から7、9、6）。セ・リーグ初白星は、因縁の巨人戦だった。この試合から巨人戦4連続完投勝利。投手は変わり者が多いと言われるが、吉井も独特だった。ある日の神宮球場での試合中、遠くで雷が鳴り始めた。すると吉井は走ってベンチに戻ってきて、仕方なく投手交代をせざるを得なくなったこともあった。

95年ペナントレース優勝を決めた試合後、吉井がヤクルトの球団旗を持って神宮球場のグラウンドを走ったのが印象深い。「やっとチームの一員になれた気がする」と言っていた。

その年の日本シリーズでは、今度はオリックス、そしてイチローを率いる仰木監督との対戦。先発を任せた吉井は日本一に貢献（第3戦、5回1失点、勝ち負け付かず）。

96年の前半戦は、吉井が三振を取って打者を力ずくで抑え込もうとしていたので、「被本塁打が多いな」と言ってやった。主軸投手は年間180から200投球回を投げてもらわないと困る。後半戦は、シュートとスライダーのコンビネーションの投球に方向転換していた。

97年（9月28日）は吉井が「胴上げ投手」だ。先発完投。「一塁ベースカバーに入ったので、胴上げがどこで始まるかわからなかった」と言っていた。何はともあれ、88年から10年越しの胴上げ投手の念願が達成され、よかったのではないだろうか。

抑え投手の連投のスタミナと、先発投手の長いイニングを投げるスタミナ。投手コーチに聞くと全く別物らしいが、吉井は両方のスタミナ、さらに野球人生のスタミナがある投手だった。FAで

＊「10・19」＝近鉄は88年に西武と優勝を最後まで争った。近鉄優勝の条件は、10月19日の最終ロッテ2連戦での連勝。近鉄先勝のあとの2試合目は阿波野が高沢秀昭に本塁打を喫して引分。全日程を終了していた西武が優勝。翌89年も近鉄は西武と優勝を争い、近鉄はラルフ・ブライアントの西武戦1試合3本塁打などで2年越しの優勝を果たす。

また、吉井は88年10勝24セーブ、89年5勝20セーブをマーク。89年巨人との日本シリーズでは、不振をかこっていた原辰徳に満塁弾、引退を決めていた中畑清にも本塁打を浴びるなど、巨人戦には分がよくなかった。

中日、巨人、西武の誘いを断わり、メッツ入り、日本球界（オリックス）復帰、42歳まで現役を貫いた。

05年、オリックスと近鉄の合併に伴い、オリックス・バファローズ監督に就任した仰木監督が、引退危機に直面していた40歳の吉井を高く評価し、「チームに残せ」と指示したらしい。

08年、現役時代にバッテリーを組んだ梨田昌孝が日本ハム監督に就任。ロッテに移籍していた吉井は現役を引退し、日本ハム投手コーチに就任した。

09年、楽天が2位で初のクライマックスシリーズに進出。ファイナルステージで日本ハムに敗れて私はユニフォームを脱ぐことになったが、吉井をはじめ、両チームの選手が私のために惜別の胴上げをしてくれた。

吉井が野球人生において大きな影響を受け、感謝する指導者は、「権藤博（近鉄）、仰木彬（近鉄→オリックス）、ボビー・バレンタイン（メッツ→ロッテ）、そして野村克也（ヤクルト）」ということらしい。

吉井理人（よしいまさと）
【先発投手】
65年4月20日生まれ、
188㎝95㎏、右投げ右打ち
★和歌山・箕島高→
84年近鉄（ドラフト2位）→
95年ヤクルト→98年メジャー→
03年オリックス
→07年途中ロッテ（～07年）
385試合89勝82敗62S　防3.86
1330回 1387安　390四　763振
●最優秀救援（88年）
■オールスターゲーム出場5度、
06年全球団勝利
★近鉄ではストッパーとして活躍。
西村とのトレードでヤクルト移籍。
先発に転向して3年連続2ケタ勝利。
95年・97年の日本一に貢献、
97年はペナントレース胴上げ投手
の栄誉に浴する。
FAで巨人を含む4球団と交渉したが、
選択したメジャー5年間で32勝。

石井一久

ヤクルトスワローズ

Kazuhisa Ishii

江夏をしのぐ奪三振

石井一久もいい投手だ。左右の利き腕の違いはあるし、コントロールは比べようもないが、マー君（楽天・田中将大）がプロ入りしてきたとき、高校出の逸材という点で石井とイメージが重なった。

91年11月のドラフト、若田部健一（駒沢大→ダイエー）、斎藤隆（東北福祉大→大洋）、高村祐（法政大→近鉄）、落合英二（日本大→中日）ら大学出の好投手を輩出した年で、高校出の目ぼしい投手は、谷口功一（天理高→巨人）くらいだった。

石井は、当時ヤクルトで投手コーチを務めていた石岡康三の遠縁で、「千葉の奪三振マシン」と呼ばれていた。左投手というのがまず魅力だった。甲子園経験もなかったから、「一本釣り」できたのだ。

1年目からユマキャンプに連れて行った。球に勢いがあり、左投手だから左の強打者に対して使いたくなった。ヤクルト14年ぶり優勝の92年途中、チームは9連敗したのだが、高校出1年目の石井の登板で連敗がストップ。ペナントレース未勝利でも、西武との日本シリーズにも先発させた。

テレビなどでご存じの通り、石井は喋っても茫洋《ぼうよう》としていて、およそ傲慢とかうぬぼれなど微塵もない。だから、高津臣吾、川崎憲次郎、伊藤智仁らの先輩投手が素質を認め「ウチの大エース」と呼んで可愛がっていたようだ。

私が「カウントの種類はいくつあるんや?」と尋ねても、答えられずに立ち尽くしていたこともあった（カウントは0-0、1-0、2-0、3-0、0-1、1-1、2-1、3-1、0-2、

1‐2、2‐2、3‐2の12種類。カウントによってどちらが有利かで打者と投手の心理は変わってくる。投手有利は0‐1、1‐1、0‐2、1‐2、2‐2の5種類、五分は2‐1。3‐2のフルカウントは投手と打者の能力で結果が左右される「醍醐味カウント」と私は呼ぶ。※表記はボール→ストライクの順）。

だが、投球には投手らしい性格が凄く出た。投げ方に威圧感がある。打つなら打ってみろと、非常に打者に対して攻撃的で怖がらない。木佐彩子アナウンサーを射止めたのには驚いたが、投手らしい内面のうぬぼれとは、そういうところだ。

常時150キロを超えるようなスピードだったが、軸となる変化球は徐々に変わっていった。最初は1歳下の松井秀喜（巨人）がしゃがんでしまうような大きなカーブ、私が阪神監督の頃はスライダーとフォーク、メジャーを経てからはチェンジアップという具合。

98年の9イニング平均奪三振率11・05個は史上1位。同じ左の江夏豊（阪神ほか）をもしのぐ奪三振マシンぶり。

コントロールは当初、四球連発で「初回無死満塁」にしておいてから3奪三振という立ち上がりをよく見せていたように、球は速いが制球の安定感を欠いていた。

それが、メジャーを経た後のヤクルト・西武では「針の穴を通す」とまではいかなくても、石井の投げる試合は試合時間が短くなった。通算成績を見ても、2イニングで2奪三振、1四球というペースに落ち着いた。三振ペースは相変わらず秀でていて、たいしたものである。

本格派から技巧派にうまくイメージチェンジして、プロ入り20年を越えた。日米通算200勝も視野に入ってきた（11年、史上20人目の通算2000奪三振、投球回1967での達成は江夏を越えるスピード記録。12年、自身初の無四球完封勝利。メジャー4年計39勝に加え、12年までの日本通算は143勝）。

石井一久（いしいかずひさ）
【先発投手】
73年9月9日生まれ、
183㎝85㎏、左投げ左打ち
★千葉・東京学館浦安高→
92年ヤクルト（ドラフト1位）
→02年メジャー→
06年ヤクルト→08年西武（12年現在）
412試143勝102敗1S　防3.62
2148回　1869安　937四　2110振
●最多奪三振（98年、00年）、
最優秀防御率（00年）、
最高勝率（95年）
■97年ノーヒットノーラン、
オールスターゲーム出場1度
★左腕からの快速球で
98年の9イニング平均奪三振率
11.05個は史上1位。
同年シーズン20暴投も
セ・リーグ最多。
92年、高卒新人ながら
チームの連敗を9で止め、
シーズン未勝利で
日本シリーズ登板。
95年13勝、97年10勝で
優勝に貢献。
メジャー4年間で39勝。

テリー・ブロス

ヤクルトスワローズ

Terry Bross

助っ人巨人キラー

95年開幕前、ヤクルトには悲壮感が充満していた。広沢克己、ジャック・ハウエルの四番・五番打者がそろってライバル・巨人に移籍。

しかも前年、岡林洋一は11勝をあげたが、故障がち。川崎憲次郎は6勝しかあげられず、同じく6勝だった西村龍次は近鉄へトレード。先発3本柱が固まっていなかった。94年が4位なら、95年は最下位の危険性さえはらんでいた。

窮地を救ったのがテリー・ブロスだ。身長2メートルを超える巨漢投手。最近でこそ長身投手が多く来日するが、当時は2メートル以上の投手は珍しかった。

そんな彼が小高いマウンドの上から投げ下ろすため、打者はどうしてもアゴが上がってしまう。そこへフォークボールを投じるのだ。

ブロスのフォークは特に巨人戦で威力を発揮した。ノーヒットノーランを含む3試合連続完封。敵地・東京ドームでのノーヒットノーラン達成の瞬間はマウンド上で大きくジャンプし（95年9月9日）、最後は本拠地・神宮球場で巨人を封じ胴上げ投手の栄誉に浴する。長身のブロスを目印に歓喜の輪がまたたく間にできあがった。

　私は「巨人を倒すということは、すなわちセ・リーグを制することだ」とよく選手に話したが、ブロスは巨人戦で実に5勝0敗、失点は後藤孝志のプロ初本塁打のみだった（39回⅓を投げ、防御率0・23）。14勝5敗、最優秀防御率のタイトルも手中に収めた。

　最下位の下馬評を覆しての優勝は痛快であった。その全員野球の中心にまさにブロスがいた。西村とのトレードで加入した吉井理人が10勝。石井一久が前年7勝5敗から13勝4敗、山部太が1勝6敗から16勝7敗と、期待の左腕コンビの進境が著しかった。

　あの年、私はよく孟子の故事成語を引用した。

「天のときは地の利にしかず。地の利は人の和にしかず」

　ホームゲームで46勝19敗の高勝率・708だった（ビジターゲームでは36勝29敗）。天候などを利用して攻めるのは有利だが、地形の有利さにはかなわない。さらに戦いではどんなに地形が有利であっても、人の団結した力には及ばない。言わんとしたことは、中心選手の移籍を補った全員野球での勝利、ＩＤ野球の開花の年だったと言ってもいい。

　さて、ブロスは体が大きい分、「軽く投げる」のが苦手で、バント処理で悪送球、敬遠で暴投を投げたりした。また相手チームに研究され、96年と97年は各7勝に終わり、西武へトレードとなった。

ただ、南海・ヤクルト・阪神・楽天での監督時代を通じて最高の「助っ人投手」はブロスになるだろう。

私の選手専任時代を含めるなら、外国人の好投手にジョー・スタンカが存在した。思えば、スタンカも巨漢投手だった（196センチ、96キロ）。南海（60年〜65年計94勝）と大洋（66年6勝）で計100勝を積み上げた。

スタンカはシュートを武器に、64年に最高勝率のタイトルを獲得。またこの年、レギュラーシーズン、オールスター、日本シリーズのすべてでMVPに輝いた。阪神との日本シリーズでは第1・6・7戦とも完封の離れ業を演じたことも付け加えておく。

テリー・ブロス【先発投手】

66年3月30日生まれ、
206㎝106㎏、右投げ右打ち
★米国セント・ジョーンズ大→
95年ヤクルト→98年西武（〜99年）
89試合30勝28敗0S　防3.70
457回　393安　179四　353振
●最優秀防御率（95年）
■95年ノーヒットノーラン、97年開幕投手
★2mを越える巨漢投手。
長身から投げ下ろすストレートとフォークが武器。
来日した95年、いきなり14勝を
あげて救世主的な役割を果たした。
巨人戦でノーヒットノーランも達成。
96年と97年にそれぞれ7勝。
98年西武に移籍後、ユニフォームを脱いだ。

井川 慶

阪神タイガース

Kei Igawa

エースへの礎

私が99年から01年まで阪神の監督を務めた3年間、規定投球回に到達した投手はほとんどいなかった。94年新人王、96年から3年連続2ケタ勝利でエースと呼ばれた藪恵壹からして99年6勝、00年6勝、01年0勝。これでは3年連続最下位というのも、むべなるかな。

野球には、0点で抑えれば100パーセント負けないという単純な原理がある。0点で抑える主役は投手だ。監督就任時、戦力補強に関して「ドラフトで即戦力投手を獲ってほしい」というのが球団に出した要望であり、約束だった。

「1度にいい投手をたくさんは獲れない。1年1人としても、私の3年契約のうちに3人。3年後に優勝争いできたらいいんじゃないですか」

他球団と一概に比較してはいけないが、ヤクルトの場合、私が監督に就任した年から、すべてドラフト1位で即戦力投手を獲得している。90年西村龍次（ヤマハ）、91年岡林洋一（専修大）、92年石井一久（東京学館浦安高）、93年伊藤智仁（三菱自動車京都）、94年山部太（NTT四国）……。高校出の石井にしてもプロ1年目から日本シリーズに先発しているのだ。

楽天にしても、06年松崎伸吾（東北福祉大）、07年永井怜（東洋大）、08年長谷部康平（愛知工大）、09年藤原紘通（NTT西日本）と1巡目がすべて即戦力投手だ。

それが阪神1年目の99年、ドラフト1位は藤川球児（高知商高）だ。藤川がいけないというわけではない。確かに7年後の05年にセットアッパーとしてブレイクした（80試合46ホールド）。

だが、98年最下位というチーム状況を考えれば、やはり即戦力投手を獲るべきではなかったか。99年、チームは6月に一時首位に立つが、その後12連敗を喫し、結局は最下位に沈む。とにかく計算できる投手の頭数が不足していた。

2年目は、「即戦力投手を！」と言い続けているのにもかかわらず、なぜか内野手の的場寛一（九州共立大）だ。編成部長は、「監督、この選手は獲っておかないと後悔します。10年に1人出るか出ないかの逸材ですよ」と。だが、ヒザを痛めて1年目オフ、2年目オフと続けて手術だ。

3年目、藤田太陽（川崎製鉄千葉）。入団発表で「おお、やっと投手らしい体型をしたのが来たな」と思った。しかし、キャンプが始まって、みんながビュンビュン投げているのに一向に投げない。「ドライチ」だから、実際にどんな球を投げるか見てみたい。

「藤田、お前、いつ投げるんだ。いっぺん見せてくれよ」

「じゃ、今日投げます」

するとと翌日もう肩が上がらない。もともと肩・ヒジを痛めていたわけだ。結局、モノにならず。私が辞めたあと、サイドスローに転向し、西武に移籍して少し投げたくらいか。

監督2年目、私はオーナー室に久万俊二郎オーナーを訪ねた。久万氏は関西財界の重鎮である。

「阪神は優勝できないからと監督ばかり代えていますが、監督を代えれば優勝できるという時代は50年前に終わっていますよ」

「でも野村君、監督は大事だろう」

「大事なのはわかります。ただ、そういう発想は50年前の野球です。精神野球の頃は、優秀な三脩さんや水原茂さんという大監督が頭を使って弱いチームを優勝させました。しかし、今はもうそういう時代ではありません。トレードではどの球団もいい選手を簡単に出さないものです。となれば、まずはアマチュア球界のいい選手をドラフトで獲ってこないことには、いかんともしがたいのです。50年前なら精神野球、その後はシンキング・ベースボールの時代になりましたが、今は情報収集、分析、データ活用の時代ですよ」

私が直訴に及んで、それなりのチーム編成をするようになった。新人獲得についてもよくなっている気がする。それだけは阪神に貢献したと思う。

また01年、それまで計2勝だったプロ4年目の井川慶を先発ローテーションに定着させた（セ・リーグ最多28先発）。制球に難のある井川には、彼はダーツが得意だったので「ダーツの的当てをイメージするように」と指導した。

力のあるストレート、ブレーキのきいたチェンジアップ、さらにフォーク、スライダーを持ち球にして9勝13敗、防御率2位と何とか一人前にさせた。その後、02年から5年連続2ケタ勝利と球界を代表するサウスポーに大成長を遂げた。03年20勝MVP、05年13勝と2度の優勝時に活躍し、エースの礎を築けたこともよかったと思う。

【参考：私が阪神の監督時代に阪神および他球団が獲得した主な投手】
99年＝阪神2位・金澤健人投手＝ＮＴＴ関東
　巨人1位・上原浩治投手＝大阪体育大
　西武1位・松坂大輔投手＝横浜高
　ロッテ1位・小林雅英投手＝東京ガス

オリックス2位・川越英隆投手＝日産自動車
日本ハム2位・建山義紀投手＝松下電器
00年＝阪神2位・吉野誠投手＝日本大
オリックス1位・山口和男投手＝三菱自動車岡崎
ロッテ2位・清水直行投手＝東芝
横浜2位・木塚敦志投手＝明治大
01年＝阪神2位・伊達昌司投手＝プリンスホテル
近鉄1位・山本省吾投手＝慶応大
近鉄2位・愛敬尚史投手＝松下電器
オリックス2位・大久保勝信投手＝松下電器

井川　慶（いがわけい）
【先発投手】
79年7月13日生まれ、
186㎝93㎏、左投げ左打ち
★茨城・水戸商高→98年阪神
（ドラフト2位）→07年メジャー→
12年オリックス（12年現在）
202試合88勝67敗1S　防3.22
1306回　1213安　426四　1210振
●MVP(03年)、最高勝率(03年)、
ベストナイン(03年)、最多勝（03年)、
最優秀防御率(03年)、
最多奪三振(02年・04年・06年)
■03年沢村賞、
04年ノーヒットノーラン、
オールスターゲーム出場3度
★甲子園未経験も、
川口知哉（平安高→オリックス1位)、
能見篤史（鳥取城北高→
大阪ガス→05年阪神自由枠）と
97年の高校左腕三羽烏と
並び称せられた。
01年から頭角を現し、
03年20勝、
85年以来18年ぶりの優勝に貢献。
02年から5年連続10勝以上、
ポスティングでメジャーに。

岩隈久志

東北楽天ゴールデンイーグルス

Hisashi Iwakuma

変幻自在、技巧派の投手三冠

岩隈久志は、近鉄時代の03年・04年に連続15勝をあげた。球界が再編され、楽天1年目の05年は9勝。私が楽天監督に就任した06年・07年は、2段モーション禁止に伴う投球フォーム改造を余儀なくされ、また肩の故障が原因で成績は芳しいものではなかった。

余計なことを言って投球フォームがバラバラになってはいけないので黙っていたのだが、岩隈がメジャー入りした今、老婆心ながら敢えて言わせてもらう。

岩隈と田中の勝ち星の推移

年度	06	07	08	09
岩隈	**1**	**5**	**21**	**13**
田中	**—**	**11**	**9**	**15**
楽天	47	67	65	77
順位	6	4	5	2

（注：06年は136試合、07年以降144試合）

投球フォームというのはリズムで言うと「イチ、ニーイ、サン」で、2が長いのがいいと私は考える。言うなれば弓を引く原理。イチ、ニーイ、バンっと。ところが、岩隈は1が長い。「イーチ、ニ、サン」と投げる。それで投球フォームが固まってしまった。だから肩を壊しやすいのではないか。そこだけは心配だ。

私の楽天監督時代は絶対的な抑え投手が不在だったこともあって、マスコミからは「岩隈か田中将大、どちらかをストッパーで起用するのはどうでしょう」との提案もあった。

だが、ストッパーだと出番がなく、宝の持ち腐れになる危険性もある。しかも岩隈は肩を故障してシーズンを棒に振った苦い経験もあるので、連投よりも100球近くをメドに登板間隔をあけて投げることを望んでいたようだ。

田中は11年に最多勝・最優秀防御率・最高勝率の「投手三冠」に輝いているが、岩隈も08年に「投手三冠」を手にしている。

同じ「投手三冠」でも、田中が12年に最多奪三振のタイトルを獲得している「本格派」なのに比べ、岩隈は最速150キロを越えるものの、スライダーやフォーク、ツーシームなど変化球を変幻自在に操って内野ゴロに打ち取る「技巧派」タイプだ。

08年は21勝。チーム勝利の実に3分の1に当たる勝ち星をあげた。特筆すべきは「投球回200回以上で被本塁打3」。これは50年ぶりの快挙らしい（58年、阪急・秋本祐作以来）。「投手三冠王」ということもあって、「BクラスチームからMVP」。これも88年門田博光（南海＝40歳で本塁打と打点の二冠王）以来のようだ。

また09年10月16日のKスタ宮城、クライマックスシリーズのファーストステージ初戦。決戦前の全体ミーティングで私は選手を前に激励の訓示をした。結果は11対4の大勝。ヒーローインタビューで岩隈は「てっぺん取るのは本気ですから」と言ってくれた。思い出深い言葉であった。残念ながらファイナルステージで日本ハムの後塵を拝することになった。何とかパ・リーグを制したかったものだ。

1歳上のパ・リーグのエースだった松坂大輔（西武→レッドソックス）のあとを追い、FAでメジャーに。1年目の12年にまずまずの9勝をあげ、2年目には本場のオールスターゲームに選出、また2ケタ勝利をマークしたのは喜ばしいことだ。

岩隈久志（いわくまひさし）
【先発投手】
81年4月12日生まれ、
190 cm 95 kg、右投げ右打ち
★東京・堀越高→00年近鉄（ドラフト5位）
→05年楽天→12年メジャー
226試合107勝69敗0S　防3.25
1541回　1514安　342四　1175振
●MVP(08年)、最多勝(04年・08年)、最高勝率(04年・08年)、最優秀防御率（08年)、ベストナイン（04年・08年）
■08年沢村賞、オールスターゲーム出場3度
★01年プロ初勝利を含む4勝で近鉄優勝に貢献。
近鉄・オリックス合併に伴う分配ドラフトを経て、楽天移籍。

08年「投手3冠」で、チームは5位ながらMVP、投球回200で被本塁打わずか3だった。

09年WBCキューバ戦で快投、優秀選手賞。

12年マリナーズで9勝。

田中将大

東北楽天ゴールデンイーグルス

Masahiro Tanaka

神様を超えた神の子

縁があったのだろう。球団創設2年目、そして私の楽天監督1年目である06年秋のドラフト会議、「マー君」こと田中将大をクジで引き当てたのは本当に僥倖《ぎょうこう》であった（日本ハム、オリックス、横浜と高校生ドラフト1巡目で競合、楽天が交渉権を獲得）。

過去、私が監督を任される前年のチーム順位は、南海6位、ヤクルト4位、阪神6位、楽天6位。なかでも楽天は04年、近鉄が消滅してオリックスと合併するという球界再編騒動の中、分配ドラフトを経て誕生した。語弊はあるかもしれないが、簡単に言えばオリックスの「ふるい」から洩れた選手を拾い、他球団を自由契約になった選手を寄せ集めたチームだった。

田尾安志監督の率いた1年目は136試合38勝97敗1引分、勝率・281。シーズン序盤の「100敗するのでは」という予想もあながち大げさではなかった。

その楽天の中長期的な将来のためにも、東北にプロ野球を根づかせるためにも、甲子園のヒーロー（高2夏優勝、高3夏準優勝）であり、実力と人気を兼備した大器・マー君の存在が必要だったのだ。

1年目の久米島キャンプで初めて見たマー君のスライダーは、プロでも思わず振ってしまうブレーキのきいたいい球だった記憶がある。「まっすぐがいいから使ってみようか」というのが普通の投手だが、「スライダーがいいから使ってみよう」という珍しいタイプだった。

高校出ということもあって、本来は最低でも1年間二軍でじっくり熟成させて、2年目に一軍昇格させるのが本人のためというのは重々承知していた。だが、実情が許さない。指折り数えるとどうしても投手が足らない。

「球団創設の経緯からして、一軍も本来の一軍の力がない。二軍で育てるのも一軍で育てるのも大差ないなら、一軍で育てよう」

自分がそう言った手前、先発で3試合続けてノックアウトされたときは「やはり時期尚早だったか」と正直頭を抱えた。

だが、4試合目のソフトバンク戦。四番・松中信彦（04年三冠王、06年首位打者）をはじめ本多雄一、多村仁、小久保裕紀、大村直之、柴原洋らが並ぶ重量打線だったが（07年チーム打率1位）、初回いきなり1点献上したあとは小久保、大村、ブライアン・ブキャナンと3連続三振、松中を2打席目以降3三振にしとめたのである。

苦労してプロ初勝利をあげた（4月18日、9回13奪三振2失点で完投）。あの試合が分岐点、突き抜けた瞬間だったと思う。それからどんどん波に乗っていった。

ただ、あれだけノックアウトされれば1度は「敗戦投手・田中」になるところだが、どういうわけか黒星の付かないことが続いた。

「あいつは神様にでも守られてるんちゃうか。不思議な子だよな」

われわれが計り知れない、何か運の強い星の下に生まれているのを感じた。そんなことから「マー君、神の子、不思議な子」というフレーズが口をついて出た。

結果、プロ1年目の07年は、99年松坂大輔（西武）以来の高卒新人2ケタ勝利。奪三振（196個）は、ダルビッシュ有（210個）に次ぐパ・リーグ2位だった。*

翌08年、マー君の2ケタ勝利とチームの最下位脱出をかけたシーズン最終戦。マー君は9回を無失点に抑えて降板、味方も無得点。チームは延長12回サヨナラ勝ちを収めたが、以降のシーズンでマー君は2ケタ勝利が続いているだけに何とも惜しい1勝だった。

私が退団したあと、11年に最多勝、最優秀防御率、最高勝率の「投手三冠王」。投球回（226回⅓）を上回る奪三振（241）、四球も少なくなった（27個）。1年目（四球68個はパ・リーグ最多）を思えば制球力に関しては長足の進歩、雲泥の差だ。

13年は8月23日に開幕18連勝を達成。間柴茂有（日本ハム81年）と、マー君の「憧れの存在」だという斉藤和巳（ソフトバンク05年）の持つプロ野球記録「開幕15連勝」を破った。

またその開幕18連勝目で、12年から続くマー君の連勝は22となり、51〜52年松田清（巨人）と57年稲尾和久（西鉄）のプロ野球記録を更新（松田は4勝、稲尾は7勝が救援勝利。田中はすべて先発勝利）。

「神の子」マー君が、あの「神様」稲尾を抜いたのである。

連勝期間中にマークした連続イニング無失点42は、杉浦忠（南海59年54回2/3）、ダルビッシュ有（日本ハム11年46回）、杉浦忠（南海59年43回）に次ぐパ・リーグ4位の記録だ（西鉄58年稲尾和久39回）。

現在は、入団時のスライダー軌道とは違う140キロ前後の縦の高速スライダーと、最速156キロのストレートが最大の武器だ。

＊ドラフト制定66年以降の高卒新人2ケタ勝利は、66年巨人・堀内恒夫16勝、99年西武・松坂大輔16勝、67年阪神・江夏豊12勝、66年東映・森安敏明11勝、66年近鉄・鈴木啓示10勝。

変化球は、最近はフォークに代えスプリット・フィンガード・ファストボールと、今年は緩いカーブを多く投げて投球の幅を広げ、絶好調・楽天のほとんど全ての貯金を稼ぐ。

私の監督時代にプロ入りしてきたのも何かの縁。近い将来のメジャー挑戦希望を表明しているが、今や日本球界NO.1。風格さえ漂い始めた。ついに球史に深く名を刻む投手になってくれた。

田中将大（たなかまさひろ）
【先発投手】
88年11月1日生まれ、
188㎝93㎏、右投げ右打ち
★北海道・駒大苫小牧高→
07年楽天（高校生ドラフト1巡目）
（12年現在）
147試合75勝35敗2S　防2.50
1103回　1014安　243四　1055振
●最優秀防御率（11年）、
最多勝（11年）、最高勝率（11年）、
最多奪三振（12年）、
新人王（07年）、沢村賞（11年）、
ベストナイン（11年）、
ゴールデングラブ賞（11年・12年）
■11年沢村賞、
オールスターゲーム出場5度、
11年1試合18奪三振（歴代2位）
★99年松坂（西武）以来の
高卒新人2ケタ勝利。
11年防御率1.27は、
56年稲尾（西鉄）1.06に次ぐパ2位で、
「投手三冠」をはじめタイトルを総ナメ。
156キロ速球とスライダー、SFFが武器。
12年延長10回無四球完封勝利（史上初）
と制球もいい。

◉救援投手

江夏 豊

南海ホークス

Yutaka Enatsu

ストッパー序章

江夏豊を先発投手から救援投手に転向させるきっかけとなった、「球界に革命を起こしてみないか」という私の口説き文句が、伝説のように語り継がれている。

江夏は先発にこだわっていた。というより、その時代の野球界は「投手は先発完投するもの」「完投してこそ一流投手。リリーフ投手は二流、敗戦処理だ」という風潮が大勢を占めていた。

実際のところ江夏も同じ考えだったが、南海に来たときは往年の輝きはなく、もう本当にどうしようもなかった。血行障害もあって球は遅い。江夏といえば豪速球というイメージがあるから、各球団とも対戦一まわりはごまかせた。だが、かつての江夏でないのは周知の事実となり、二まわり目はコンコンコン。球は本当に遅かった……。

剛球投手の華やかさは色あせ、一世を風靡した全盛時とは悲しいかな隔世の感があった。先発投手としてはもう厳しい。それでも短いイニングならば、幾多の修羅場をくぐりぬけてきた江夏の投球術は他の追随を許さない。その経験値こそが必要なのだ。

顔を見るたびにリリーフ転向を勧めたが、江夏は江夏で「嫌だ嫌だ」と取り付く島もなくピューッと逃げてしまう。

「豊よ、人間が絶対勝てないものが2つある。わかるか？」

ブーッとふてくされている。

「時代と年齢や」

しつこく1カ月くらい説得し続けた。あるとき江夏が物凄く難色を示して、私に食ってかかってきた。

「人気球団の阪神からトレードに出されただけで恥をかかされている。今度は先発からリリーフ転向だと？　2回もオレに大恥をかかせる気か」

「何が恥だ。野球界、これからは先発・中継ぎ・逃げ切りというシステム化の時代が絶対来る。お前がリリーフ投手として、球界に革命を起こしてみい」

「カクメイ!?　革命か……」

「おお、そうじゃ。革命や」

「……わかった！　やったるわい!!」

思えば、それ以前にこんな一件があった。

私は血液型による性格診断にこだわる。性格は野球のプレーに何らかの形で現れてくると考えるからだ。

「豊、お前、O型かB型、どっちや?」

「わしゃAや」

「嘘つけ」(笑)

江夏は翌日わざわざ医者に行って、証明書を持って来た。「ほら、Aや」と得意げに。

血液型というのは何かのときに、言動の端々にチラチラと出るものだ。江夏も意外に几帳面で神経質な面があった。

だが、「氏《うじ》より育ち」という言葉もある。血液型の「氏」よりも、育つ環境のほうが性格形成に大きな影響を及ぼすという意味だ。

私が言わんとすることは、お山の大将である投手族として育ってきた江夏にとってプライドが最も重要だったわけだ。だから、「革命」のひとことで明らかに表情と態度が変わったのである。つまり「革命」という言葉に、心の琴線に触れる何か、高いプライドをくすぐる何かがあったのだ。

私はよくマスコミに「見出しになるようなコメントを出すのが上手い」と言ってもらう。王貞治・長嶋茂雄のように黙っていてもマスコミが取り上げてくれる巨人をはじめセ・リーグの球団と違って、パ・リーグの試合ではいつも閑古鳥が鳴いていた。だから、ある意味「チームの営業部長」である監督として、何とか新聞に書いてもらおうと頭をひねることが多々あったのだ。

ただ、あのときの江夏への口説き文句は事前に考えていたわけではなく、自然にとっさに飛び出した。なのに、あの何気ないひとことが文字通り球界に革命を起こした。わからないものだ。

今や「守護神」「抑えの切り札」の代名詞で呼ばれるほどストッパーの地位は高く確立されているし、ストッパー抜きに野球は語れない。それもこれも、「江夏豊」という男の存在なしでは成立し得なかったものなのだ。**私が選ぶ最高の救援投手は、言うまでもなく江夏である。**

・76年36試合（先発20）6勝12敗9セーブ、防御率2・98
・77年41試合（先発3）4勝2敗19セーブ、防御率2・79

76年に南海に移籍してきた江夏は、77年から本格的にストッパーに転向し、制定された「最優秀救援投手」のパ・リーグ1号に輝いた。そして翌78年、南海を退団した私はロッテへ、江夏は広島へ金銭トレードで移籍した。

江夏は「大功労者の監督をこんな形で解任するようなチームは信用できない」と言って、球団に退団を申し入れた。しかし、江夏がまだまだ働けると思っていた私は古葉竹識監督（広島）に電話をして、「江夏いらんか」と聞いてみた。すると古葉監督は、「本当ですか」と即答。それで球団に頼んで広島入りが決定したのである。

その後、ストッパーのパイオニア・江夏豊物語の〝起承転結〟は、広島・日本ハム・西武と展開していくのである。

江夏　豊（えなつゆたか）
【救援投手】
48年5月15日生まれ、179㎝90㎏、左投げ左打ち
★大阪・大阪学院高→67年阪神（第1次ドラフト1位）→76年南海→78年広島→81年日本ハム→84年西武（～84年）
829試合206勝158敗193S　防2.49
3196回　2340安　936四　2987振
●MVP（79年・81年）、ベストナイン（68年）、最多勝（68年・73年）、最優秀防御率（69年）、最優秀救援（77年・79年・80年・81年・82年）、最多奪三振（67年・68年・69年・70年・71年・72年）
■68年沢村賞、68年1試合16奪三振セ・タイ、68年シーズン401奪三振は日米記録。73年ノーヒットノーランの試合でサヨナラ本塁打。先発100勝&100セーブ（他に広島・佐々岡）、84年全球団からセーブ（他に横浜→巨人・クルーン）。オールスターゲーム出場16度、70年・71年オールスターゲーム15連続奪三振
★巨人を含む4球団競合の末、阪神入団。20勝4度、6年連続最多奪三振。76年江本・島野育夫とトレード、救援投手に転向。79年広島で日本リリーフ投手初のMVPに輝く。81年高橋直樹とトレード、日本ハム19年ぶり優勝に貢献、初の両リーグMVPを獲得した優勝請負人。

佐藤道郎

南海ホークス

Michio Satoh

最多コール投手

佐藤道郎は、当時は珍しいノーワインドアップ投法で、特徴は失礼ながら球が遅かったこと。よく言えば技巧派だ。

西本幸雄監督時代の阪急は、一塁ベースコーチに上田利治が立っていて、口さがないアドバイスを打者に送っていた。

「モーションは160キロ、来る球は130キロ。モーションを見るな、ボールだけ見ろ！」

そのくらい佐藤の球は遅かったのだ。自分でも分かっているから、上田コーチの声が気になって佐藤は自滅することもあった。正直、「こんな球の遅い投手をよくドラフト1位で獲ったな」と思ったが、日本大4年時は、東都大学リーグで春夏とも8勝して連覇に貢献、連続して最高殊勲選手に選ばれていたらしい。

しかも投手族のご多分に漏れず、性格は自己中心的で過信家ときている。

「先発させてください」

「無理や」

「監督、せめて1度だけでも」

仕方がないから後楽園球場で日本ハム戦に先発させたが、案の定、3回持たずにKO。それで踏ん切りがついたようだ。1イニングならなんとかごまかせる。「その分、たくさん試合に投げろ」とリリーフ専任にして、新人王になった。

「最優秀救援」(セーブ+救援勝利)の77年初代タイトルホルダーは江夏豊だが、佐藤はセーブがカウントされていない70年から試合の一番最後に投げていたし、74年制定の「最多セーブ投手」は佐藤だ(76年も)。

だから江夏が77年にストッパーに定着して注目を浴びると、佐藤がひがんだ。

「ストッパー、リリーフをやったのは僕が最初でしょう。監督、みんなに言ってくださいよ」

「まあ江夏に比べたら、お前は人気がないから諦めろ。知る人ぞ知るでええやないか」

江夏もストッパー転向前、佐藤の配置がどうなるか、気をつかって私に尋ねに来たが、私はこう答えた。

「ミチは、豊より体力があるから先発で十分いける。心配無用だ」

いずれにせよ、私が南海時代、球場ウグイス嬢のアナウンスが一番多かった投手は、間違いなく佐藤だ。パ・リーグ最多登板が70年・72年・73年・74年・76年。私のプレイング・マネージャー8年間で実に合計420試合に登板している。単純計算で1年平均53試合だ。

ちなみに高津臣吾（ヤクルト）の記録も同じ8年間（91年〜98年＝高津が入団〜野村監督が退団）で310試合。試合数を比べると、いかに佐藤の登板が多かったかが分かる。

70年は18勝、最優秀防御率で新人王。72年最高勝率、73年パ・リーグのプレーオフMVP（5試合、3勝中2勝）。大いにチームに貢献した。

そして念願（?）の先発に回った77年は12勝10敗、7完投の記録を残した。

佐藤道郎（さとうみちお）
【救援投手】
47年5月5日生まれ、
181cm 87kg、右投げ右打ち
★東京・日大三高→日本大→
70年南海（ドラフト1位）→
79年横浜大洋（〜80年）
500試合88勝69敗39S　防3.15
1303回⅓　1216安　398四　703振
●新人王（70年）、
最優秀防御率（70年・74年）、
最高勝率（72年）、
最多セーブ（74年・76年）
■オールスターゲーム出場3度
★リリーフを中心にいきなり18勝。
70年・74年とパ・リーグ最多登板で
最優秀防御率。
他にも72年・73年・76年に最多登板。
74年13・76年16で最多セーブ。
江夏の加入（76年9S・77年19S）
に伴い、77年先発で12勝。
当時では珍しい
ノーワインドアップ投法だった。

高津臣吾

ヤクルトスワローズ

Shingo Takatsu

宝刀シンカー、生涯一抑え

高津臣吾は91年入団時、サイドスローという以外、何の特徴もなかった。特段、球が速いわけでもなく、打者の嫌がる変化球があるわけでもない。逆に、右サイドスローゆえ球の出どころが見やすい左打者にカモにされてしまう。

92年日本シリーズ、西武と熱闘を繰り広げる中、高津をファーム黒潮リーグに参加させた。ペナントレースでチーム69勝中、高津は先発で5勝をあげ優勝に貢献していたのだが、オフの優勝祝賀会、高津は自らの不甲斐なさを思い、今にも泣き出しそうだったと聞いた。

93年を迎えるにあたり、ヤクルトの懸案は「ストッパー不在」だった。前年の92年は高津と同期の岡林洋一が先発・抑えの兼任で、負担をかけていた。

その92年日本シリーズで対戦した西武のストッパーを務めていたのが、高津と同い年、同じ右サイドスローの潮崎哲也。ウイニングショットは、チェンジアップ・シンカー。打者の手元まで来るとフワッと1度浮き上がっては、右打者のヒザ元に沈む。

「あのシンカーを覚えられんか」

今思えば、江夏豊（当時・南海）に対して「リリーフの分野で球界に革命を起こしてみないか」と言ったのと同義語の口説き文句だった。

「テレビのスロー画像やビデオ録画で、潮崎がどういう投げ方をしているかを盗め」

潮崎は、90年対巨人・91年対広島・92年対ヤクルトと、3度の日本シリーズに出ていて、チームにそのビデオも残っていた。

時代は繰り返す。高津は江夏よりちょうど20歳下、広島県出身で79年・80年広島カープ優勝の山本浩二、江夏らを見て育った世代。

高津がファンだったという山本監督率いる広島カープの日本シリーズを見て、自らがプロで生きるためのシンカー習得に取り組んだのも奇しき縁か。

しかし、中指と薬指の間から抜く潮崎のシンカーの握りを、高津は無理だと言う。

「フォークの握りでもいいですか」

「握りはどうでもええやないか、まずチェンジアップ・シンカーを投げるのが先決や」

93年、ストッパー定着をめざした高津は、高校出1年目の松井秀喜（巨人）にプロ7打席目の記念すべき1号本塁打を献上している。その打席、私は高津に一つの指示を出した。

巷間、マスコミには「試合の大勢が決まり、勝敗に支障のない場面。松井の好きなコースを知っておくため、内角高目や、真ん中高目より少し外角寄りに故意に投げた」と伝わっているが、そうではない。

指示は「お前のまっすぐがあの若造に通用するか、内角のストレートで勝負しろ」だけだった。結果は内角ストレートをうまくさばかれ、滞空時間の短い弾丸ライナーの2ラン、もののみごとにライトスタンドに突き刺さった（5月2日、東京ドーム、9回裏二死一塁、4対1→4対3）。

投手というのはストレートやスピードに色気があるうちは、変化球習得やコントロール向上になかなか真剣に取り組まないもの。しかも投手は自信家だから、言うことをききはしない。やはり自分を知ることが一番だ。

打った松井もさすがだが、実はその前、ファームの試合で伊藤智仁が松井に本塁打を浴びていた。本格派の伊藤でさえ打たれたのだ。高津が自分のストレートがプロの左打者、それも18歳の若造にも通用しないことがわかれば、ほかの手段、つまりシンカー習得を真剣に考えるようになる。

あそこが高津の真のシンカー人生、ストッパー人生の始まりだったと言ってよい。

96年オールスターゲーム第2戦。松井に対して、全パ・仰木彬監督がイチロー（当時・オリックス）を投手として登板させてきた。「お祭り」とはいえ、選ばれし者たちが集う夢の球宴である。全セの監督であった私は、松井の代打として打席に高津を送った。

さらに04年高津（当時ホワイトソックス）のメジャー初登板の対戦打者は、松井（当時ヤンキース）だったらしい（内角カーブを右翼線二塁打）。しばしば松井とは縁があった。

さて話を戻すと、高津はスピードの違う（130キロ台、110キロ台、99キロ）シンカー3種類を操り、守護神として長く君臨した。99年、私の目の前、阪神戦で通算100セーブを達成、「恩返し」をしてくれたのも思い出深い。

江夏（79年・80年広島、81年日本ハムで優勝）は「優勝争いのせめぎ合いの中で投げるセーブにこそ価値がある」と言っていたが、高津も計4度の優勝の胴上げ投手になった（93年・95年・97年・01年）。日本シリーズでは1点も取られなかった。

通算250セーブをマークし、名球会（投手で通算200勝または通算250セーブ、打者で通算2000安打）入りも果たした。

メジャーのマウンドを踏んだ高津はその後、日本復帰。さらに韓国プロ野球（08年）、台湾プロ野球（10年）、日本の独立リーグ（11年〜12年＝新潟）にも身を投じた。私の「生涯一捕手」ではないけれど、「抑え投手」の野球人生を長く続けたものだ。

高津臣吾（たかつしんご）
【救援投手】
68年11月25日生まれ、
180㎝75㎏、右投げ右打ち
★広島・広島工高→亜細亜大→
91年ヤクルト（ドラフト3位）→
04年メジャー→
06年ヤクルト(～07年)
598試合36勝46敗286S　防3.20
761回⅓　714安　255四　591振
●最優秀救援（94年・99年・01年・03年）
■オールスターゲーム出場6度
★右サイドスローから
3種類のシンカーを操ったストッパー。
4度の日本シリーズで計11試合2勝8S、
防御率0.00。
通算286S（1位中日・岩瀬仁紀346、
3位横浜・佐々木主浩252）で名球会入り。
メジャー2年で計27S、
ワールドシリーズの
チャンピオンリングを持つ。

葛西稔・遠山奬志

阪神タイガース

Minoru Kasai
Shoji Toyama

「遠山・葛西スペシャル」

阪神時代は3年連続最下位だから、なかなかストッパー登板まで試合を持って行けなかった。

99年のストッパーは背番号49のベン・リベラ。ドミニカ共和国出身、2メートルの長身から150キロ級のストレートをほうった。メジャーで20勝以上（23勝）していたのだが、ストッパーのわりにセットポジションやバント処理が苦手。前年の98年にはセーブ球団記録（27）を作っていたのだが、右ヒジを痛めて帰国、そのまま退団となった。

だから福原忍（東洋大）が新人ストッパーとしてよく投げてくれた（54試合10勝9セーブ）。

00年は右アンダースローの葛西稔。葛西は高校時代（宮城・東北高）、佐々木主浩（東北福祉大→大洋・横浜）の控え投手で一塁を守ったことがあるというし、遠山奬志は一時野手に転向していた。だから交互に一塁を守らせる「遠山・葛西スペシャル」というワンポイント継投を発案できた。

遠山奬志は左サイドスローの中継ぎ。巨人戦で「松井秀喜キラー」「高

阪神監督時代に終盤のリリーフを務めた投手陣

年度	99	00	01
リベラ	12S	―	―
葛西	―	17S	―
成本	―	―	20S
遠山	63試	54試	52試
阪神	55勝	57勝	57勝

橋由伸キラー」として重宝した。内角シュートで松井の懐をえぐり、あの松井をして「(遠山さんの)顔を見るのも嫌」と言わしめた。99年5月22日の巨人戦では10年ぶりの白星もあげ、カムバック賞も受賞した。奇しくも葛西と遠山は同い年、同じ02年限りでユニフォームを脱いだ。

01年の抑えは、この年移籍してきた成本年秀。右ヒジ手術のリハビリに長い時間を費やしていた。ロッテ時代の96年以来、5年ぶりのセーブをあげ、計20セーブで捲土重来を果たし、カムバック賞。

終盤のリリーフは重要だ。遠山といい、成本といい、カムバック賞に輝く「奮投」をしてくれた。葛西を含めた3投手。よく言えば適材適所、やりくり采配だが、実のところ四苦八苦だった。

葛西　稔（かさいみのる）
【救援投手】
67年5月5日生まれ、
180 cm 81 kg、右投げ右打ち
★宮城・東北高→法政大→ 90年阪神（ドラフト1位～02年）
331試合36勝40敗29S　防3.59
584回　590安　223四　352振
■92年開幕投手
★高校時代は佐々木主浩（大洋・横浜）の控え投手兼一塁手で甲子園出場。
大学でアンダースロー転向。

96年リリーフ転向、即最多登板。

00年、左サイドスロー・遠山と交互に登板するワンポイント継投は「遠山・葛西スペシャル」と呼ばれた。

00年中日戦で1球勝利。

遠山奬志（とおやましょうじ）
【救援投手】
67年7月21日生まれ、
178 cm 91 kg、左投げ左打ち
★熊本・八代一高→ 86年阪神（ドラフト1位）→ 91年ロッテ→ 98年阪神（～02年）
393試合16勝22敗5S　防4.38
480回⅓　528安　167四　283振
■オールスターゲーム出場1度、
99年カムバック賞
★高校出1年目に先発8勝も、翌年故障。高橋慶彦（広島→ロッテ）とのトレードで移籍。
95年打者転向、96年イースタン最多安打。98年投手で阪神テスト入団。99年からサイドスローに転向し、63試合・54試合・52試合登板。

「松井秀喜・高橋由伸キラー」で活躍。

福盛和男

東北楽天ゴールデンイーグルス

Kazuo Fukumori

まさかの逆転満塁サヨナラ弾

ストッパーは、投手として最後にやる仕事。先発完投が無理になっても、1イニングならいけるという投手がやるのに適している。

若いうちから、最初からストッパーにするのはどうだろう。大事なポストだから、いろいろな経験を積んで、その経験を生かしてストッパーをやるのが一番いい。江夏豊（当時・南海）みたいなパターンがベストだ。

楽天時代は小山伸一郎が少し、そして福盛和男がその任を務めた。福盛は06年50試合21セーブ（＋救援勝利0）、27回⅔連続無失点の球団記録もマークした。（12年に田中将大が更新）。

07年34試合17セーブ（＋救援勝利4）。08年は球団が慰留したのにメジャーへ行った（4試合0セーブ）。出戻りの09年は35試合10セーブ（＋救援勝利7）。

09年楽天はペナントレース77勝66敗1引分で初の勝ち越し、Aクラス入りを果たす（2位）。クライマックスシリーズではファーストステージでソフトバンクをみごとくだした。

だが、ファイナルステージで日本ハムの後塵を拝した（1勝3敗＋アドバンテージ1敗）。その初戦、4点リードから、福盛がターメル・スレッジに浴びたサヨナラ満塁弾が強烈な印象として私の脳裏に焼きついている。

実はソフトバンクとのクライマックスシリーズが始まる前日、監督室に球団社長と球団代表の2人が入ってきた。当然、「明日からのクライマックスシリーズ頑張って下さい」と激励にきたと思ったが、意外や意外。

「こんな話は早いほうがいいと思って参りました」

「何でしょうか」

「今シーズン限りで辞めてもらいます」

「トントン拍子に日本シリーズまで行って日本一になってもクビですか」

「勝っても負けても辞めていただきます」

一瞬にしてやる気も情熱もふっ飛んでしまった。監督がそんな気持ちでいて勝てるわけがない。

そんな中で迎えた本番では、満塁のピンチで福盛が捕手の出したサインに首を振ったのを見て、「いかん、危ない！」と感じ、血の気がサーッと引いたのを覚えている。

打者スレッジにストレート勝負は危険きわまりない。捕手としての長年の経験上、福盛が首を振った瞬間、「ストレートを投げる」というのはすぐ分かった。普段ならタイムをかけて確認にマウンドへ走るのだが、クビを宣告されていたため全く体が動かなかった。今は「私らしい最後だったな」とあきれていると同時に、いい年をして人間失格だったと感じている。

福盛和男（ふくもりかずお）
【救援投手】
76年8月4日生まれ、
182㎝78㎏、右投げ右打ち
★宮崎・都城高→
95年横浜（ドラフト3位）→
04年近鉄→05年楽天→
08年メジャー→
09年楽天（～10年）
414試合41勝45敗82S　防3.65
708回⅓　718安　257四　495振
■オールスターゲーム出場1度
★福盛・矢野英司⟷門倉健・宇高伸次のトレードで近鉄移籍。
06年・07年と連続21セーブポイント。
楽天の慰留を断ってメジャーに移籍したが、
腰痛手術などで4試合0勝、楽天復帰。
09年17セーブポイント。
球種はスライダー、高速シュート、フォーク、ナックルカーブ。

野村克也

南海ホークス
Katsuya Nomura

番外編◉観察力・洞察力

【守備】右目で投球を、左目で打者の反応を見る

巨人のユニフォームに憧れた頃

一応、私は捕手の専門家として、捕手について述べれば一冊の本が書けるほどの知識と情報を持っている。ここでは、捕手編の導入として私も捕手のベストナイン候補の末席に加えてもらいつつ、培ってきた経験と考えをご紹介したい。

まずは、私のプロ入りのエピソードから。

私は京都に生まれながら巨人ファンだった。中でも「赤バット」の川上哲治さん、「じゃじゃ馬」の青田昇さんに憧れた。

ただ私の高校時代、1学年上に藤尾茂さん（兵庫・鳴尾高）という俊足・強打・強肩を誇り、甲子園で大活躍した超高校級の捕手がいた。わかりやすい例で言えば、清原和博（PL学園高→西武ほか）、松井秀喜（星稜高→巨人）のような存在だった。

藤尾さんがどの球団に入るかが、私には最大の関心事だった。家計を助けるために新聞配達をしていたので、その新聞をめくりながら動向を探った。

結果、藤尾さんは伝統ある巨人軍で1年目から試合に出ている。これでは私が巨人に入れたとしても到底勝ち目がない。やむなく巨人入りの選択肢を捨てた。

そこで授業中に「職業野球選手名鑑」のページを繰った。プロ野球選手というのは大体何歳ぐらいまで現役を続けられるものか。平均は37〜38歳だろう。私の下積みも常識的に3〜4年はかかる。12球団のスカウトは誰も私のもとに来ないからテストを受けるしかない……。そうやって、どのチームのテストを受けるか検討を始めたのである。

まず、20代がレギュラー捕手のチームは除外。南海は松井淳さん（1925年生まれ）が二番手で当時28歳、広島は正捕手の門前眞佐人さん（1917年生まれ）が36歳。広島は戦後できたてのチームで弱かった。やはり私は強いチームに憧れていて、南海は常にパ・リーグの中心的なチームだった。

「よし、南海を受けて、ダメなら広島、広島を受けてダメなら社会人野球に行こう」

そんな方針をとった。つまり「就職先」を研究、最近の言葉なら「就活」のリサーチを必死にしたわけだ。まさか、いきなり南海に合格するとは思わなかったが……。

ただ、入団テストには三百数十名が参加したのに、鶴岡一人監督が来ていないのが気にかかってはいた。そして5月、6月になっても二軍戦ですら一向に試合に使ってもらえないので、不安になって主将に尋ねた。

「われわれテスト生出身選手はどうなんですか、先輩」

「やっと気づいたか。テスト生で一軍に上がったなんてのは過去1人もいないよ。テストに大勢来て7人合格。捕手が4人も受かったとき、まずおかしいと思わなかったのか」

「確かに捕手ばかり、やたら多いとは思いました」

「そこだよ。今までのブルペン捕手が3年経ったから全部クビになった。そこへお前らだ。補強じゃなくて、補充されただけだ」

これで監督が来ないのも納得できた。バカバカしい、帰ろうと思った。お手伝いのためにプロの門を叩いたんじゃねえやと。しかし、それでも帰れないのが実情だった。

「そんな華やかな世界、田舎もんが行っても失敗して帰ってくるだけやないか。やめとけ。地道な道を行け」

母親の猛反対を押し切ってテストまで受けてプロに入ろうとしたのだ。そこへ高校野球部の部長先生がわざわざ家まで来て、助け船を出してくれた。母親を説得してくれたのだ。

「お母さん、3年間行かせてみましょうよ。そこで可能性が見えなかったら、野村君、自分から辞めて帰ってこい。そのあとの就職は私が責任を持って世話しますから。お母さん、この3年にかけてみませんか。私に父親代わりさせてくださいよ」

「先生にそこまで言っていただけるんなら、もうすべてお任せします」

そんなわけで、何としてでも3年～4年のうちに、なにがしかの結果を出したかったのである。

これが私のプロ野球人生の原点だ。

投手と捕手の考え方の相違

かつて捕手というポジションは重要視されていなかった。太っていて鈍足の選手がやるポジションくらいにしか考えられていなかった。そうした空気に、私と森昌彦（巨人→ヤクルトコーチ→西武コーチ・監督→横浜監督＝現・祇晶）はよく反発したものだ。

巨人・川上哲治監督が日本シリーズの前になると、パ・リーグの情報を仕入れるために私より1歳下の森を派遣してくる。藤尾さんから59年にレギュラー捕手の座を奪った森は、8年連続ベストナインで巨人のV9を支えた。

「そんなバカな話ないよな。捕手が指で出す1球1球のサインで試合が動いていく。監督以上のことをやっている。脚本家だ。捕手がいかに大事か、重要性を知らしめようぜ」

「捕手」は、理想主義で完璧を求める。だからこそボヤキも出る。ボヤかないような捕手はダメ。森もボヤき、ささやいた。

私は現役時代、常に完全試合をめざしてリードした。四球を出したら次はノーヒットノーラン、安打されたら完封と、目標を少しずつ軌道修正していく。

捕手は「本塁打は防げる」と言う。「ここにほうって来さえすれば絶対打たれない」。

他方、投手は「本塁打は防げない」と言う。「そこへ10球すべては投げられない」から。

それでも捕手からすれば、「ここへ10球すべて投げられるようにせえ」。だが、それは無理だと言われてしまう。ならばストライクを投げなければ絶対打たれない。敬遠すれば本塁打は防げるということになる。まあ、極論だが……。

捕手の立場と投手の立場はそれくらい違う。捕手にとって、「妥協、限定、満足」は禁句なのだ。捕手は理想主義者、完璧主義者でなければならない。

打者のタイプを4つに分類する

捕手として相手打者を分析し、投手をリードする（分析していて「変化球にどう対応するかが打者の共通のテーマだ」と改めて思った）。捕手からすれば、万人に共通する配球、リードがある。

私は相手打者を4つのタイプに分類した。相手打者に聞いても本当のことを言うはずがないから、分類は自分の判断でいい。

・A型（理想型）＝速球を待っていて、変化球に対応する。
・B型（無難型）＝内角・外角のコースに的を絞る。
・C型（器用型）＝流すか引っ張るか、打つ方向を決める。

・D型（不器用型）＝狙い球を決めて、その球種にヤマを張る。

カウントによってその4つの型を使い分ける打者もいれば、2ストライクに追い込まれるまでA型で、追い込まれるとD型に変える打者もいて、さまざまだ。

「孫子の兵法」の中でも言われている。敵を知り、己を知る――敵の弱点を知ればそこを攻め、自分の特徴が分かればそこを生かすという意味だ。そうしないことには戦略も戦術も決まらない。

打者との対決でも、相手をよく知らないとどういう配球をすればいいか決められないが、相手が分かればずっと攻めやすくなる。

繰り返すが、打撃で一番大事なのはタイミング。打者は、タイミングを合わせたいから球種・コースを絞る。狙い球を絞るわけだ。

だから捕手は、それを見抜くために（右打者の場合）右目で投球を受けつつ、左目で打者の反応を見るのだ。打者の目の前を投球が通過したとき、タイミングが合っているか否か。観察力、洞察力で、打者が何を考えているかを見抜くのが捕手の一番の仕事である。

変化球への対応やボールカウントによっての備え方は変わらないか、大きく空振りしたあとの変化など、あらゆる角度から相手打者を観察、洞察する目を持たねばならない。捕手は守りにおける監督の分身であることを常に忘れてはならないのだ。

配球は「4ペア」から成り立つ

投手がいかにいいストレートを持っていても、ストレートだけでは打たれる。打撃はタイミングだから。そこに遅い球が来るからストレートが生き、ストレートを生かすためには遅い球が必要になる。

圧倒的にみな被害の少ない外角低目でまとめようとするのだが、「外角」をさらに効果的に使おうと思ったら、打者に何とか「内角」を意識させるような手法を考える。投球とはそういう相対関係でできている。

「内角・外角」でワンペア、「高目・低目」でツーペア、「遅い球・速い球（緩急）」でスリーペア。もう一つ言えば「ストライク・ボール」でフォーペア。これらをどう組み合わせるか。

プロでも意外に、ストレート、スライダー、フォークなど、1つ1つの球種を孤立させて投げている。1球1球のつながりを意識し、球と会話しながら投げている投手がどれだけいるか。

捕手も同様だ。これを見せ球にして次の球を生かそうとか、この球で打者の反応を探ろうなど、最近、プロのバッテリーを見ていても意図が伝わってこない。スポーツ新聞の観戦記の原稿に困るほどだ。

凡打ゾーン、空振りゾーン、ファウルゾーン

余談で恐縮だが、私が現役を引退した頃は好景気の頃。連日、講演会に引っ張りダコで、テレビ・ラジオの解説の仕事も毎日ひっきりなしにあった。

ただ、家内が私のマネージメントをしていたものだから、次から次へとスケジュールを埋めてしまい、仕事と仕事のインターバルが全くないほどギッシリと埋めつくされた。

講演会場から球場への移動で渋滞に巻き込まれようものなら「タッチアップできずにアウト!」なんていう危険性と常に背中合わせだった。

「仕事をいただけるのは大変ありがたいのですが、たくさん解説者がいるのに、なぜ私ばかり?」

「野村さんの打者心理を読んだ解説が面白いのです。野村さんじゃないとダメなんです。わが社の

エースですから、毎日でもお願いしたいくらいです」

「毎日毎試合、そんなに連投させると、ワシ、肩壊しちゃうで」

あるテレビプロデューサーとのやりとりである。

私が評論家時代、視聴者が一目瞭然で理解しやすいよう、ストライクゾーンを縦3×横3の9分割したマス目を使ってテレビ解説した。

「投手は次にこのゾーンへこういう球種を投げるでしょう。そうすると何パーセント以上の確率でファウルになります」

ほとんどがその通りになり、視聴者はもちろんテレビ関係者も感嘆の声を上げた。その解説は「野村スコープ」とネーミングされ、すこぶる好評だった。

プロ野球選手のミーティングでは、それをもっと細分化したものを使用する。縦横5分割ずつしたストライクゾーンの周囲に、さらに球2個分ずつを余分に取り、9×9＝81分割のマス目を使用して説明していく（左ページに「左打者の苦手ゾーン」を掲載）。

例えば、ストライクを稼ぐ方法は4つある。
・「空振りで稼ぐゾーン」

・「ファウルで稼ぐゾーン」
・「見逃しで稼ぐゾーン」

さらに「口で稼ぐ」。やはり口は武器になる。現役時代の私の「ささやき戦術」は、打者にペチャクチャいろいろな話をしていたと思われがちだが、基本的にはひとことだ。

それで打者は何かを感じるはず。捕手は黙って投球を受けるべからず。言葉で投手を助けられる。

例えば、外角いっぱいにいい球が来たとする。ストライク。打者に聞こえるように、

捕手から見た左打者の「苦手ゾーン」

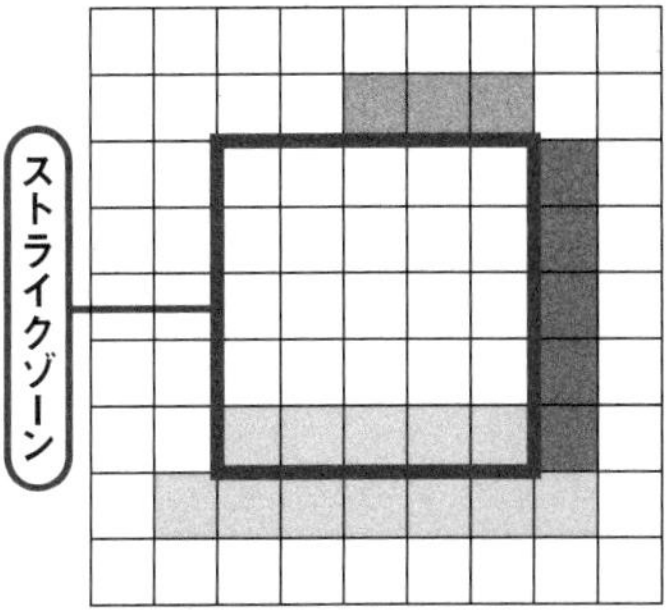

■ **変化球で凡打にさせるゴロゾーン**
守備側がダブルプレーを
取りたいときに投げさせるゾーン。
真ん中やや外寄り低目に
ボール球のシンカー(落ちる球)を投げる
とよい。打球が弱すぎると
ダブルプレーが取れない。

■ **ストレートの空振りゾーン**
高目のボール球ストレートには
思わず手が出る。左打者の
ベルトあたりの高さの甘い外角は、
「走り打ち」で安打される危険性あり。

■ **カウントを稼ぐファウルゾーン**
打者が内角球を
フェアゾーンに入れるには、
高い技術を必要とする。
右投手が左打者の内角胸元に
投げるのは効果的だ。
ファウルにしかならず、
カウントを稼ぐことができる。

「おい、まだ余裕あるぞ！」

（え、ギリギリじゃないの？）と打者は思うかもしれない。

ファウルを打てば、

「タイミング合ってるぞ！」

実は投手まで声が届いていない。投手に話しかけるふりをして、打者に話しかける。すると、

（同じ球はもう来ない）と打者は思うかもしれない。

「ボールにせえ言うとるのにコラ！」

本当はストライクをほうれのサインを出してある。あくまで独り言なのだ。

白仁天（東映）は、耳に綿を詰めてきた。ささやき効果があったことの証拠だ。

張本勲（東映）は、何か言うたびに打席を外す。もう試合が進まない。

「あれ？　お前、構え変えたのか？」

このひとことが一番効き目があった。打撃フォームが崩れているのではと心配になるようだ。とにかく何とかして投手を助ける。四球だけは助けられないが、「投手がストライクさえ投げられれば、捕手の自分が何とかする」という気概と自信は揺るがなかった。

松井とイチローを打ち取るなら内角を意識させる

「捕手・野村」なら松井秀喜（巨人→ヤンキースほか）を打ち取るために、どういうリードをするか。

打者の4分類からすれば松井は「A型」だ。来た球に対応できる天才の部類。長嶋茂雄を尊敬するのは理解できる。若い頃に毎日の素振りで鍛えられたと聞く。おそらく天才同士で話が合うのだろう。

強打者には欠点がない。すなわち、こう攻めておけば打ち取れるという攻略法がないのだ。その都度、1球1球、松井に投げた球を受けながら、松井の動きを観察し、洞察する。そこから次の球が決まる。

オーソドックスに攻めるなら、内角に来るのではないかという意識をいかに打者に持たせるか。そうすると捕手はリードしやすい。

次は内角と思わせておいて、実は外角。反対に外角一辺倒だと思わせて、一転内角とか。それが配球術だ。

95年ヤクルト監督時代、オリックスとの日本シリーズではイチロー（のちにマリナーズ→現ヤンキース）を封じることが、すなわち日本一になることであった。イチローは、私の分析では「B型」である。

だがシリーズ前、先乗りスコアラーに指示したイチロー攻略のデータ収集は芳しくなかった。そんな折、たまたま依頼されたテレビ出演で私は「内角攻めをする」と挑発したのである。

それを伝え聞いたであろうイチローは、シリーズ本番で内角球を過剰に意識。実際は内角にボール球を投げさせ、外角で勝負。第5戦に1本塁打を浴びたが、焼け石に水だった（計19打数5安打、打率・263、2打点）。イチロー封じが日本一に直結したのである。

そのイチローが、いつだったかNHKの番組で興味深いことを言っていた。

「打席に入って気をつけていることは、バットを持つグリップが前に出ないよう、いかに捕手方向に置いて我慢するかです」

同感だ。打撃は足、腰、手という順番で動かせば、打撃フォームのトップの位置で蓄えた力をミートの瞬間、投球に最大限に伝えることができる。ただ、空振りをしたくないという思いがあるから、ついついバットを持つ手だけで投球に当てに行ってしまう。それを我慢すれば必然的に足腰が先に動くものなのだ。逆にこの順序が乱れていれば、調子は良くないということになる。

あの日本シリーズから18年後の2013年6月に、「打撃の神様」テッド・ウィリアムズ（後出、テッド・ウィリアムズの「打撃論」の項参照）のメジャー通算2654安打をイチローが越えた。イチローは感慨深かったようだが、私もその記事を読んで当時のことを懐かしく思ったものだ。

「結果球」を次の打席に生かす

私が「結果球」と呼んでいるものがある。それぞれの打席の最後の球で、「打者を抑えた球」「打者に打たれた球」のことだ。

投手と打者の対戦で、1球目から最後まで全部覚えるのは難しいが、「最後の球」だけは覚えているもの。そして捕手であれば、各打者の1試合4打席の「結果球」を最低限覚えているはずだ。

その「結果球」が、次の打席につながっていく。例えば1打席目にカーブを安打されたとする。2回目の打席に立った打者は「さっき打たれたカーブはもう投げてこないだろう」と考えるだろう。そこで捕手は「もう1度カーブを投げさせよう」となる。

ほんの一例だが、打者と捕手はこんな駆け引きをしているわけだ。

初球をどの球種から入るか。リードする上で、初球の選択が本当に難しかった。やはり、常に有利なカウントで打者と対戦したいからだ。まず1球目がストライクなのかボールなのかで全然違う（カウント別の心理＝石井一久の項参照）。

【打撃】「カウントによる球種」×「握りとフォームのクセ」

捕手が高打率を残しづらい理由

捕手にはリードなどの「経験」が必要だが、一度レギュラーになってしまえば、選手寿命は意外と長いポジションだ。人が思うほどケガはそんなに多くない。二塁に送球が届く間は現役を続けられる。私は45歳までプレーした。やろうと思えばもっとできた。

重労働なのは確かだ。捕手をやった者にしかわからない。昔、夏の日曜祝日はダブルヘッダーだった。となると捕手は150球×2試合＝1日300回の屈伸運動をするわけだ。

帰宅後は足が麻痺して座れない。仰向けに寝て、両足を高く上げ壁にもたせかけて、血流を戻した。いつしか私もこうして俊足が鈍足になっていった。

同業の捕手の岡村浩二（阪急）が偽らざる本音を私に洩らしたことがある。

「ノムさん、夏のこのクソ暑いとき、10点の大差で打席に立って、正直な話、『もういいわ』という気になりませんか。ノムさんが一塁手だったら、もっと打てていますよ」

勝っていれば勝っていたでもう打たなくていいわ、負けていたら負けていたで自分のリードの責任で精神的ダメージを受ける。だから捕手で高打率を残すのは難しい。

考えてみれば三冠王はほとんど一塁手だ（巨人・中島治康外野手、巨人・王貞治一塁手、ロッテ・落合博満一塁手、阪急ブーマー・ウェルズ一塁手、阪神ランディ・バース一塁手、ダイエー・松中信彦一塁手）。

13年5月、谷繁元信（中日）捕手が通算2000本安打達成打者44人の中で、最多の2803試合を要したのはそういう理由もあるだろう。

そういえば谷繁は、同じ球種を3球以上も続けるリードで「続きの谷繁」とヤクルトベンチから呼んでいた。なかなか味のあるリードをする。川上憲伸、山本昌、山井大介と3人のノーヒットノーランをアシストした。中堅どころでは、細川亨（ソフトバンク）が目を引く。

さて、私の現役時代は、「精神野球」かつ「根性野球」、さらには「結果オーライの野球」だった。ヤマを張って安打したら怒られないのに、ヤマを張って見逃し三振を喫したら当然のごとく怒られる。捕手としてリードしても同様だった。

南海と西鉄でペナントを二分しているような時代、私はまだペーペーの捕手だったのだが、ある試合で中西太さんに強烈な本塁打を食らった。

直後の鶴岡一人監督とのやり取り。

「何投げさせたんや！」

「まっすぐです……」

「バカたれ！」

こう言われたので、「そうか、中西さんにはああいう場面でストレートで勝負したらいけないのか。いいことを聞いたな」と思い、その教訓を生かして次の対戦ではストレートを捨て球（見せ球）にして変化球勝負。しかし、その変化球をものの見ごとにガーンと打たれてしまった。さすがプロと感心して、ベンチに戻ると、

「なんでカーブ投げさすんや！」

「えっ？」

私はここで聞いておかないと一生悔いを残すと思い、大監督に対しありったけの勇気を振り絞った。

「ああいう場面では、どういう配球をしたらいいんでしょうか」

「なに!? 勉強せえ！」

たったその一言だけ。根拠はなく、結果論に終始する。だから私は監督職を仰せつかったとき、誓ったのだ。

「根拠があってヤマを張ったのなら、ヤマがはずれて見逃し三振しようとも決して怒りはしまい」

「記録」を「データ」として昇華させる

捕手が打者として生きていくのは大変なことだが、一方で捕手をやっていたからこそ配球を覚え、それを打撃の際の読みに生かし、好成績を残せたと思う。野球を学ぶという点では一番勉強になるポジションである。

私が打者としてデータを生かし始めたきっかけがある。プロ入り当初、レギュラーに定着できない発展途上の時期が3年ほど続いた。何とかして3割を打ちたい。私はカーブがからきし打てなかった。

毎日新聞の元記者で、南海のスコアラー兼査定係になった尾張久次さんという人が、まめにスコアを付けていた。

「お手数ですが、相手投手が自分に投げてくるコースと球種を全部付けて、毎試合いただけないものですかね」

「ああ、そんなのお安い御用だ」

その記録を自分で分析し、データとして昇華させた。

1ボール0ストライク、2ボール0ストライク。このカウントでは100パーセント、内角に来ないことに気がついた。特に2ボール0ストライクになると100パーセント、シュートが来ない。「これは面白いな」と興味を持ち始めた。私はヤマ張りの打者だから、そのカウントでは外角一本に絞れる。

12種類あるボールカウント（石井一久の項参照）をもっとくわしく調べると、打者・野村克也に対する相手バッテリーの配球の傾向がわかってきた。

「来る球がわかれば、打ちやすいに決まってる！」

テッド・ウィリアムズの「打撃論」

「データ」のほかにも相手投手の球種を知るいい方法がないか、鵜の目鷹の目で探した。生まれつき不器用な私は、天才的な選手と同じような野球生活を送っていたらとても生き残れないと思ったからだ。

同じくプロ入り3年目（57年）の頃、「最後の4割打者」テッド・ウィリアムズ（18年生まれ。36年～60年までレッドソックスで現役。41年打率・406、三冠王2度）の著書『打撃論』を読んで大きな影響を受けた。たまたまその「本」に出会ったのだが、正確に言えば本ではない。

実は甲子園球場のそば、西宮市に住んでいる私のファンだという名前も住所も分からないお医者さんが、英文をわざわざ翻訳してファンレターと一緒に送ってくれたものだった。コピーもなかった時代だからガリ版刷り。

その著作の中のさりげない一文がヒントになった。

「投手は捕手のサインを見終わったときには、100パーセント、ストレートを投げるか変化球を投げるかを決めているはずだ。そこをよくジッと観察していると小さな変化となって出ている」

なるほどな、と目から鱗が落ちる思いだった。「変化」という言葉が使われていたが、要は球の握りや投球フォームの「クセ」のことだ。

バッテリー間18・44メートルを、投球は0コンマ何秒という瞬時に到達するのだから、次がストレートだとか変化球だとかわかっていたら打ちやすいに決まっている。

翌日、私はグラウンドに行って投手連中に片っ端から尋ねた。

「お前、まっすぐはどうやって握るんや?」

「カーブはどうやって投げてんのか?」

ストレートとカーブの握りは当然違う。投手によってもまた違う。さらに、打者に悟られないようどんなに頑張っても、投球フォームにも微妙な違いが現れる。

特に、昔はグラブで球の握りを隠していなかった。両手を離したまま投球モーションに入っていたのだ。これでは球の握りが丸見えだ。つまり投げる球種がわかったのだ。

クセというのは無意識に出るもの。クセがバレるからと意識すれば一時的には直っても、またプレーに夢中になると出るものなのだ。その球の握りから球種を判断して私は打つことができた。

それで、さらに興味が湧いてきた。野球は考えなくてもやれるし、深く考えてもやれる。どちらを選ぶか。やはりプロフェッショナルである以上、私は深く考えて野球をやるほうを選ぼう。そう決意してから、専門的な知識を得たいという意欲がどんどん増していった。

とはいえ、クセを見つけるのにはやはり苦労した。コツなんぞない。

「絶対見破ってやる！」

「何かあるはずだ‼」

見抜けるかどうかは、「執念」の一語に尽きる。クセがわからないと言う選手に限って全然執念がない。

そして人間は覚える能力もあれば、忘れる能力もある。だから、自分が野球をやっていく上で生きる情報は残しておこう、いつか引退したら一番の野球解説者になろう。そう強く思い、私はとにかくメモをした。「メモ魔」と呼ばれたくらいだ。

「カウントによる配球の傾向」と「球種による握りと投球フォームのクセ」を組み合わせ、打撃に取り入れた私は大いなる成長を遂げた。

「神様・稲尾」との対決

この「球種による握りと投球フォームのクセ」の話には続きがある。

攻略に特に苦労したのが、「神様・仏様・稲尾様」の絶対的投球をした2歳下の稲尾和久（西鉄＝61年42勝。39年巨人ヴィクトル・スタルヒンに並ぶシーズン最多勝）だ。

当時はスピードガンはなかったが、ただでさえ150キロ前後の投球は切れ味鋭く、体感速度はそれ以上だった。

しかもストレート、スライダー、シュートで投球フォームにクセがない。普通は踏み出すステップや肩の開き具合が微妙に変わるものなのだが……。

私は知人のツテをたどって稲尾の投球フォームを16ミリフィルムで撮影してもらった。そんな機器がおいそれとは手に入らない時代である。フィルムが擦り切れるほど、目を皿のようにして見た。

やっとのことでわかったのが、振りかぶってグラブの陰から球がかすかに見えたとき、投球は内角だということだ。

そんな努力で知り得た情報を、僚友の杉浦忠がオールスターゲームでバラしてしまったのには、呆れるというより血の気が引いた。

それは稲尾、杉浦、野村と並んでベンチに座って、セ・リーグ好打者たちの打撃練習を見ていたときのこと。

「サイちゃん（稲尾の愛称）よ、野村はよう研究しとるで。ものすごく研究熱心や」

「やめとけ」

「いいやないか」

「やめとけ言うとるやろ」

「野村はな、投球フォームまでよう見とる。16ミリフィルムにまで撮って……」

杉浦に悪気はなく、私の研究熱心さを褒めるつもりだったのだろうが、稲尾の顔色がサッと変わった。ずっと稲尾にカモにされていた私が急に打ち出したものだから、何かピンと来るものがあったのかもしれない。だが、それくらいのことで自分のクセにまで考えは及びはしまい、バレることはないだろうとタカをくくっていた。

　ペナントレースが再開して稲尾との初対決。クセは１００パーセント、内角シュートのはず。一球様子を見てやれと思い、見逃した。すると、なんと外角スライダー。稲尾の顔をパッと見たらニタッと笑った。

「あ痛ーっ！」

　私は心の中で悲鳴を上げたのである。

　稲尾はその後、「ノムさんは投手の球の握りで球種を判断するらしい」と他球団投手に言いふらしてしまった。以来、投手は球の握りをグラブでしっかりと隠すようになった。

「スペンサー・メモ」

「クセ」といえば、ダリル・スペンサー（阪急64年〜68年選手、71年〜72年選手兼任コーチ）を思い出す。１８８センチの大型二塁手。スペンサーが阪急の野球を、そしてパ・リーグの野球を変えた。球審によく注意されようと、いつも相手捕手の真後ろのバックネットにもたれかかって、投手を観察していた。

投手の微妙なクセをつきとめ、打撃に活用していたのである。そのスペンサーに触発されたのが長池徳士（MVP2度、本塁打王3度、打点王3度）、高井保弘（世界記録の代打本塁打27本）、大熊忠義らの右打者。特に高井の相手投手のクセのメモなど、凄まじいものがあったようだ。

「灰色のチーム」と揶揄され、ずっとBクラスだった阪急が、63年西本幸雄監督の就任と64年スペンサー入団の影響を受け一変した。

65年に三冠王を獲得した私の前に立ちはだかったのも38本塁打したスペンサーだったし、67年には阪急のパ・リーグ初優勝に大きく貢献した（124試合113安打の打率・274、30本塁打68打点）。

そして、投手のクセを記した「スペンサー・メモ」。そのような相手を研究するという姿勢が長池、高井らを育て、70年代阪急黄金時代の礎を築いた。

65年に私が三冠王を獲れたのは運によるところが大きい。首位打者としては低い打率・320でタイトルを奪取した。私の打率部門のタイトルはこの1度限り。首位打者候補の常連が判で押したように、こぞって調子がよくなかったのである。

【首位打者獲得年】
・張本　勲（東映・日拓・日本ハム）＝61年、67年、68年、69年、70年、72年、74年
・榎本喜八（大毎・東京）＝60年、66年
・ブルーム（近鉄）＝62年、63年

ペナントレース残り2週間。私とスペンサーは、本塁打と打点部門で激しいつば競り合いを演じていた。

「ノムさん、三冠王決定です」

「なんでや、まだ試合残っとる」

「スペンサーが自宅から三宮の駅に行く途中、バイクで転倒して左足を骨折しました」

運も実力のうちと言うが、私がよく験を担ぐのはこうした実体験も影響している。勝った試合のパンツをはき続ける「勝負パンツ」もそう。だが、毎日洗濯して乾かしてはいているので、どうぞ誤解のなきように。

柴田 猛

南海ホークス

Takeshi Shibata

ポスト・野村の一番手

野村克也（のむらかつや）
【捕　手】
35年6月29日生まれ、
175㎝85㎏、右投げ右打ち
★京都・峰山高→54年南海→
78年ロッテ→
79年西武（〜80年）
3017試　2901安　率.277　657本
1988点　117盗　273失
●MVP5度、ベストナイン19度、
ダイヤモンドグラブ賞1度、
三冠王1度、首位打者1度、
本塁打王9度、
打点王7度、最多安打1度
■オールスターゲーム出場21度、
89年野球殿堂入り

「捕手というポジションを守っとるくせに、レギュラー捕手が本塁打王というチームに入団したこと自体、人生の選択を間違ってるんちゃうか、おい」

私はよく新入団捕手をからかったものだ。内野なら遊撃がダメでも二塁、三塁が無理でも一塁と、

4つのチャンスがある。外野なら3つある。しかし、捕手のレギュラーは1人だけなのだ。

最近の子は「子供の頃から巨人ファンだった」と迷うことなく巨人を簡単に選ぶが、それは違うと思う。12球団のどこに入れば自分が生きるか、どの球団が自分に合っているかというのが一番大事ではないか。

とはいえ前述のように、かくいう私も京都に生まれながら巨人ファンだった。

ただ私の高校時代は、1学年上に藤尾茂（兵庫・鳴尾高）という超高校級の捕手がいたことで、「第1希望」を巨人から南海、もしくは広島へと変更を余儀なくされたのである。

みんな、そういうことを考えないのだろうか。憧れと現実は違う。試合に出られなければ意味がない。プロに入れたということだけで満足してしまっているのではないか。プロ入りは単なるスタートであって、ゴールではない。そのあと活躍できてナンボの世界なのである。

もっとも、私が長きにわたりレギュラーに固定されていたので、「野村がいなかったらレギュラーであっただろう」と試合に出ないのに潜在能力を評価された捕手や、また「野村野球をよく学んでいるだろう」と引退後にコーチとして呼ばれた捕手もいる。

その最たる捕手が柴田猛だ。高橋博士（のち博）も実力があった。

ただ、チームを選べないドラフト制（1966年＝昭和41年）以降ならまだしも、柴田は63年にテスト入団で南海に入ってきた。

74年、私はプロ入り以来悩まされていた右ヒザの故障などで83試合出場にとどまっている。一方の柴田はその年、66試合に出場した。しかし、不運にも右手にファウルチップを受け、戦線離脱。72年に高橋とのトレードで南海入りしていた江本孟紀も、「ケガがなかったら、柴田さんはレギュラーを獲っていたかもしれない」と語っている。

古葉竹識が選手として南海に移籍後、指導者として広島に戻ったが、柴田はその古葉監督のもとでコーチを務め、79年・80年の連覇に貢献。

その後もコーチの手腕を買われた（77年～81年広島、82年～84年阪神、85年～88年南海、89年～90年オリックス、91年～92年ダイエー、95年ヤクルト、96年阪神）。

04年のアテネ五輪では日本代表のスコアラーを務めている。

柴田　猛（しばたたけし）
【捕　手】
44年8月11日生まれ、
178㎝75㎏、右投げ右打ち
★和歌山・向陽高→63年南海→
76年広島（～77年）
209試合　45安　率.215　1本
24点　3盗　12失
★向陽高の前身・海草中出身者に
夏の甲子園優勝投手・嶋清一、
真田重蔵（松竹・阪神）、
根來泰周元コミッショナーも
同校出身。
野村捕手故障の74年に
自己最多の66試合出場。
以後、各球団のコーチを歴任。
04年アテネ五輪では
スコアラーとしての能力も発揮。

高橋博士

南海ホークス

Hiroshi Takahashi

「捕手と遊撃」二刀流

高橋博士は、私が監督兼捕手で試合に出ているため、捕手で出場できない。何とかしてやらなくてはと考えていた。

出場機会を増やすため、71年から内野手で登録した。71年は三塁手（79試合）や遊撃手（31試合）で多く出場させ、ファン投票選出でオールスターゲームに出場を果たしている。遊撃を守れるということはセンスに秀でているということだ。

そんな矢先の72年、東映の田宮謙次郎監督が「高橋博士をくれないか」と打診してきた。渡りに舟だった。江本孟紀・佐野嘉幸との1対2の交換トレードとなった。

74年日本ハム（72年まで東映）の三原脩球団社長はファンサービスの一環として、消化試合のダブルヘッダーで高橋が「1試合で全守備位置を守る」*ことを提案して実現させた。

三原さんは「投打二刀流」を、近鉄監督時代の68年永淵洋三に、ヤクルト監督時代の71年外山義

＊　12年現在、同記録は高橋のみ。00年当時オリックスの五十嵐章人がプロ入り以来の全守備位置を含めて達成＝仰木彬監督。ちなみに五十嵐は全打順本塁打も記録している。

明にやらせている。13年の大谷翔平（日本ハム）の投打二刀流を見てもわかるように、センスがなければ務まらない。

高橋の現役は19年と長かった。やはりセンスがよく、私がいなければ南海捕手のレギュラーだったろう（内訳は投手1試合、捕手690試合、一塁手100試合、二塁手22試合、三塁手173試合、遊撃手88試合、外野手64試合、指名打者35試合）。

高橋博士（たかはしひろし）
【捕　手】
46年3月10日生まれ、
174cm 78kg、右投げ右打ち
★宮崎・宮崎商高→64年南海→
72年東映・日拓・日本ハム→
77年ロッテ（〜82年）
1288試合　790安　率.254
60本　314点　37盗　86失
■オールスターゲーム出場1度
★71年〜75年内野手登録。
71年遊撃手ファン投票で球宴出場。
72年江本・佐野嘉幸との
1対2トレード。
74年に1試合で
全守備位置を守る珍記録。
71年南海109試合100安打と、
75年日本ハム123試合105安打を
内野手として、
80年ロッテ捕手で111試合69安打。
現役19年。

古田敦也

ヤクルトスワローズ

Atsuya Furuta

捕手像を変えた男

私がヤクルト監督に就任した89年11月のドラフト会議前、片岡宏雄スカウト部長に聞いた。片岡は私や杉浦忠より1歳下で、立教大時代は杉浦の恋女房だった男だ。

「いい捕手はいないのか?」

「メガネをかけているんですが……」

「昔はメガネをかけた捕手は（マスクをかぶるときに邪魔なので）ダメだという固定観念があった。今はメガネも軽量化され、ましてコンタクトレンズまで出来ている。関係ないよ」

「それならいいのがいます。古田敦也。ただ、打撃には目をつぶってもらえますか」

「捕手と遊撃手は守備が一番。打撃は二の次でいい」

実際には、古田の目の眼球には微妙な凹凸があって、コンタクトレンズを装着してもフィットしないのをあとから知った。

当時のヤクルト捕手陣は、レギュラーの秦真司を筆頭に、八重樫幸雄、中西親志、君波隆祥、飯田哲也、そして古田。全員をユマキャンプに帯同させた。というのも正妻候補は「帯に短し襷《たすき》に長し」「娘一人に婿八人」という状況だったからだ。

90年のキャンプ地ユマ（米国アリゾナ州）は砂漠の町。選手も遊びに行くところがないだろうから、いきなり「野村ミーティング」をやった。私が白板に内容を書いて、選手はみんなノートにメモを取った。ひとりだけ長嶋一茂（ヤクルト→巨人）がノートに漫画を書いていたが……。

あとで古田が言っていた。

「部屋に入ってくるなり、耳順*と白板に突然書いて、強烈な印象だった」

さて、古田を見た最初の印象は「肩は一流、打撃は二流、リードはまずまず」だった。

ただ、「キャッチング、フットワーク、スローイング」の一連の流れるような動作は素晴らしかった。古田は私よりちょうど30歳下だが、私がそれまで30年間見てきた捕手の中でスローイング技術、捕球技術はNO・1だと直感した。

捕手には、大別して「守備から入る捕手」「打撃から入る捕手」の2通りある。古田は前者、それもスローイングが際立っていた。

早晩、古田がレギュラーの座を奪うと思ってはいた。

「捕手は勉強すべきことが多いからすぐ使うってわけにはいかん。でも、ブルペンで投球は受けんでいい。相手打線の研究をして、自分なりにどう攻めるか、ベンチでオレの横に座って配球をつぶさに勉強しとけ」

神宮球場ダグアウトの中のベンチは2列になっていて、グラウンドに向かって後列左端に監督である私がメガホンを持って座る。以後、私の「つぶやき」が聞こえる前列左端が古田の指定席になった。

古田がレギュラーを獲るきっかけになった場面がある。90年のとある巨人戦、打者は誰か忘れたが走者なし、カウントは3ボール0ストライク。相手ベンチは出塁させたい、走者をためたい場面だから、指示は100パーセント「待て」。こちらは走者を出したくない、言わずもがな「ストレートでド真ん中」。

それを、ある捕手は変化球を投げさせて四球。その捕手は「3ボールからでも打ってくると思いました」と答えた。「ストレートでド真ん中」を本塁打されてもたかだか1点なのに。投手も投手、

＊ 孔子の「論語」為政篇より。孔子が自身の生涯を語った言葉。吾十有五にして学を志し、三十にして立ち、四十にして惑わず。五十にして天命を知り、六十にして耳順（みみしたがう）……。耳順《じじゅん》とは、修養ますます進み、聞く所、理にかなえば、何らの障害なく理解しうるという意。

首を振ればいいのだ。これがヤクルトの野球か、と半ばあきれた。

それで頭に来て、研修期間中の古田を「もういい、行け！」とヤケ気味で使った。それが直接のきっかけ。古田のレギュラー定着の時期が少し早まった。

古田には「配球術を一生懸命勉強せえ」と告げて使い続けた。納得できないリードには、チェンジになってベンチに戻ってくるたびに「あの1球を説明してみい」と、試合そっちのけで根拠を聞いた。

この古田を一人前に育てさえすれば、チームづくりは70パーセントできたようなもの。試合中の「説教」はしばらくの間、ヤクルト名物になった。「名捕手あるところに覇権あり」。わが信条に従い、古田に捕手の考え方を叩き込んだのである。

私の目に狂いはなかった。プロ1年目の90年、捕手初の新人ゴールデングラブ賞を獲得した（106試合出場、盗塁企図55、刺殺29、盗塁阻止率・527）。

プロ2年目の91年オールスターゲーム第1戦で1試合3盗塁阻止（オリックス・松永浩美、日本ハム・白井一幸、西武・秋山幸二）。球宴MVPを獲って賞金ボードを宙高く掲げ、「ヤクルトに古田あり」を全国に知らしめることになった。

「盗塁阻止率は４割が強肩の目安」と言われる中、93年は６割を超える驚異的な盗塁阻止率をマーク（93年企図45、刺殺29、盗塁阻止率・６４４。現役18年間で企図９２６、刺殺４２８、盗塁阻止率・４６２）。

それまで、捕手は体が大きくて足が遅いというのが相場。眼鏡なんてもってのほかだった。しかし、それこそ「固定観念は悪、先入観は罪」なのだ。マスコミはこぞって「異色の強肩メガネ捕手」「捕手像を変えた男」と古田を取り上げた。

古田の飛躍もあって、ヤクルトは92年・93年と連続優勝。以後、セ・リーグ連覇は07年・08年の巨人まで出ていない。

当初の古田の打撃は、スカウトの言葉通り正直厳しいと思った。大学時代に四番打者だったというのが信じられないくらいのレベル。それがどうだ。劇的によくなったのである。

私が監督に就任した90年、池山隆寛がキャリアハイの打率・３０３（自身唯一の３割）、31本塁打、97打点をマーク。広沢克己も唯一の打率３割で、翌91年に打点王になった。

そして古田も、翌91年に「野村に次ぐ26年ぶり史上２人目の捕手・首位打者」に輝いた。落合博満（中日）と抜きつ抜かれつのデッドヒートを制したのである。しかも92年は30本塁打。

捕手は、リードすることにおいて相手打者と味方投手を研究する。古田は「捕手の配球術」に生かすより先に、それを「自らの打撃」に生かした感がある。

それにしても、阪神（98年0人→99年2人＝坪井智哉、矢野燿大）でも、楽天（05年0人→06年4人＝リック・ショート、ホセ・フェルナンデス、高須洋介、鉄平）でも、私が監督に就任するや3割打者が急増。

特に楽天では、就任前05年のチーム打率6位が、08年には1位。ＩＤ野球（データの収集・活用）は、守備面より攻撃面に即効性があるのだろうか。

97年は古田を四番にすえた。「捕手・四番」が重責なのは、私が身をもって知っている。しかも古田の一時の長打力は影をひそめ、96年は11本塁打に終わったことを受け、逡巡《しゅんじゅん》のあげくだった。

「明日から打順を四番にしようと思うのだが……」

「はい、わかりました」

いとも簡単に答えが返ってきて、私は拍子抜けしたほどだ。結果、打率・322、9本塁打、86打点。本塁打は2ケタに届かなかったが、いいところで打ってくれた。ＭＶＰを獲得し、マスコミは今度は、「四番打者像を変えた男」と表現した。

「肩は一流、打撃は二流、リードはまずまず」――最後のリード面はどうだったか。

私がヤクルト監督を退いた後のこと、テレビのスポーツニュース「キャンプ便り」のコーナーで、ヤクルト沖縄浦添キャンプのブルペンが映っていた。若い投手の投球を受けた捕手・古田のあのカン高い声が音声で流れた。

「ストライクさえほうれば、あとはオレが何とかするから」

どこかで聞いたフレーズ。「ああ、ワシのセリフの使い回しや」と思った。

それからの古田の活躍はご存じの通り。ことあるごとに「野村に次ぐ捕手2人目」が枕詞《まくらことば》のように付いた。**「私の教え子ベストナイン」捕手部門は古田である。**

05年、「捕手2人目の通算2000安打達成」。それこそ06～07年は、「野村に次ぐ球界29年ぶりのプレイング・マネージャー（選手兼任監督）」に就任した。監督としても必ず成功すると思っていたが、期待外れに終わってしまった。

古田敦也（ふるたあつや）

【捕　手】

65年8月6日生まれ、
180㎝80㎏、右投げ右打ち
★兵庫・川西明峰高→立命大→
90年ヤクルト（ドラフト2位～07年）
2008試　2097安　率.294
217本　1009点　70盗　49失
●MVP（93年・97年）、
首位打者（91年）、
ベストナイン（91年・92年・
93年・95年・97年・99年・
00年・01年・04年）、
ゴールデングラブ賞（90年・91年・
92年・93年・95年・97年・
99年・00年・01年・04年）
■03年『1試合4本塁打』（史上5人目）、
盗塁阻止率18年通算.462（926企図）、
オールスターゲーム出場17度
★異色の強肩メガネ捕手として
プロ入り。
史上初の新人捕手ゴールデングラブ賞、
2年目に落合（中日）に競り勝ち、
2人目の捕手・首位打者。
04年「戦う選手会長」として
球界再編問題で経営者側と渡り合った。
07年から野村以来、球界29年ぶり
プレイング・マネージャー。

矢野燿大

阪神タイガース

Akihiro Yano

外野手兼任からの抜擢

矢野燿大の引退記者会見や引退セレモニーは、阪神ファンにとって感動ものだったらしい。その際、矢野は世話になった人の名前を何人か出した。

「自分が今日あるのは星野監督のおかげです」

阪神で私と出会って試合に出られるようになったはずなのに。私はこれを聞いて大いに勉強になった。「感謝」というのは、期待するものでも押しつけるものでもないということを……。

先日、久しぶりに矢野に会ったとき、冗談半分で言った。

「野村のノの字も出さんかったな。『野村監督に一番感謝しています』と言ってもおかしくなかったんやないか」

そのくらい私は矢野にいろいろ指導し、我慢強く使い続けたと思っている。矢野を「阪神の生え抜き」と思っている方もいらっしゃるかもしれないが、中日時代、捕手としては鳴かず飛ばずの選手だった。私がヤクルト監督時代、矢野は外野手として出場していたような記憶があるほどだ（96年12試合、97年22試合、外野手として出場）。

中日時代は中村武志（85年～01年中日、02年～04年横浜、05年楽天）が「正妻」に君臨していたから出番がなかった。98年、当時の中日・星野仙一監督が、矢野・大豊泰昭⇔関川浩一・久慈照嘉のトレードで、矢野を阪神に放出した。

99年、阪神監督に就任した私がまず着手したのは、ヤクルト時代と同じく捕手の育成と固定だ。チームの根幹はやはり捕手にある。

当時の阪神には矢野のほかに、山田勝彦、定詰雅彦（ロッテ91年～96年→阪神97年～00年）がいた。捕手としての条件である「目配り、気配り、思いやり」をオープン戦で比べてみたが、三者三様、なかなか決め手がなかった。

ロッテから移籍して来ていた定詰は、そこそこ強肩だったと思うが、いかんせん打力がなさ過ぎた。性格から見ても、捕手気質は全く感じられない。

同様に打力に乏しかったのが山田。とにかく真面目を画に描いたような性格。すぐ緊張してしまう。例えば勝敗を左右する大事なところで一死三塁。何としても返さねばという思いが強すぎて好球必打を忘れ、何でもかんでも手を出して三振してしまう。

山田は責任感が強くて、管理職に向いているタイプ。移籍した日本ハムを05年限りで引退、阪神コーチの話もあったらしいのだが、私を頼って楽天に来た。山田をコーチに登用して、それはそれで正解だった。18時試合開始なのに、朝10時からグラウンドに来て、ミーティングの資料作りをしていたほど熱心だった。

そういう意味では、今だから言えるが、矢野を正捕手にすえたのは消去法からだ。矢野は「守備から入った捕手」ではなく、「打撃から入った捕手」の部類だ。古田敦也（ヤクルト）同様、捕手のリードを打撃にさらに生かした。とはいえ、98年は2割を切ろうかという打率だった（.211）。

それが、リードの二人三脚を始めた99年にいきなり初の100安打、打率3割をマークしたのだから、効果はテキ面だったと言っていいだろう（阪神捕手の打率3割は、79年若菜嘉晴以来、20年ぶり）。

キャンプからみっちり教え込み、正捕手を固定したことにより、99年6月にチームは一時的にだが首位に立った。00年4月には9連勝。この00年、前出の山田にしても捕手のリードを打撃に生かし、打席は少ないが打率3割をマークしたほどだ。

矢野のその後の脱皮ぶりは今さら説明の必要もないだろう。ゴールデングラブ賞2度の守備、シーズン70打点以上3度の勝負強い打撃、通算1500試合以上に出場した20年の現役生活。私の教えが少しでも役立っていたなら幸いである。

矢野燿大（やのあきひろ）
【捕　手】
68年12月6日生まれ、
181㎝80㎏、右投げ右打ち
★大阪・桜宮高→東北福祉大→
91年中日（ドラフト2位）→
98年阪神（〜10年）
1669試　1347安　率.274
112本　570点　16盗　45失
●ベストナイン(03年・05年・06年)、
ゴールデングラブ賞
(03年・05年)
■オールスターゲーム出場7度
★本名・輝弘。97年外野手で22試合。
中日では中村武志の控えも、
98年矢野・大豊⟷関川・久慈
のトレードで移籍、
99年野村監督就任で捕手として開花。
この年初の100安打、打率3割。
通算サヨナラ安打10本は
阪神タイ。野口茂樹、川尻哲郎の
ノーヒットノーラン時の捕手。

嶋 基宏

東北楽天ゴールデンイーグルス

Motohiro Shima

勉強頭脳を野球頭脳に変換せよ

嶋基宏は、中学時代の通信簿がオール5だったらしい。高校時代の通信簿は学校によってレベルが違いあまり参考にならないと思ったので、義務教育のときの成績を聞いた。

「なんや、10点満点の5か?」

「いえ、5点満点のオール5です」

野球の頭脳と勉強の頭脳は違うだろうが、勉強もできたほうがいいに決まっている。

リードは応用問題だ。1球1球の配球のサイン、答えはどこから出すか。「右目で投球を見て、左目で打者の反応を見ろ」と。すなわち観察と洞察から導くのだ。

まずは試合の状況、得点差、さらに打順などが前提にあって、そこから1球1球の答えを瞬時に出していかなくてはならない。

ただ、嶋は気が弱く怖がり。勇気が足りない。「勇気を失うはすべてを失うなり」。超真面目で、リードに困ると私が「原点」と呼ぶ外角低目にばかり投げさせる。人間的に真面目なのは褒められるが、こと勝負となると得てして不真面目なほうが勝ったり、大成したりするものだ(歴代の名選手を見ればよく分かる。クセ者、問題児、よく言えば個性派がほとんどである)。

11年4月2日、東日本大震災復興支援の慈善試合でのスピーチは感動を呼んだ。「見せましょう、野球の底力を!」。これまで挙げた選手たちと、まだまだ比較するレベルには達していないが、特別に加えた。どうか精進してほしい。

嶋　基宏(しまもとひろ)
【捕　手】
84年12月13日生まれ、
179cm 82kg、右投げ右打ち
★愛知・中京大中京高→国学大→
07年楽天(大学生・社会人ドラフト3巡目)
(12年現在)
663試　451安　率.250　9本
128点　27盗　36失
●ベストナイン(10年)、
ゴールデングラブ賞(10年)
■オールスターゲーム出場4度
★甲子園出場時は二塁手。
教職を視野に入れ、国学大に進学。
入学後、強肩を生かして捕手転向。
東都リーグ4年春2部優勝、
MVP、1部昇格。
10年に05年城島健司(ソフトバンク)以来の
パ捕手打率3割。
12年オフから27歳の若さで
第8代プロ野球選手会の会長に就任。

広澤克実

ヤクルトスワローズ／阪神タイガース

Katsumi Hirosawa

3球団で四番V

広澤克実（広沢克己）のニックネームはトラ。俳優・渥美清が演じた「トラ」さんの映画『男はつらいよ』が好きだとか、姓が同じ浪曲師の広沢虎造に似ているとかが、命名の由来らしい。いずれにせよヤクルト時代はチームリーダー的存在で、チームの年齢構成からいって広沢がいればチームにまとまりが出た。

	【打者】	【投手】
・61年生まれ	栗山	
・62年生まれ	広沢、秦	
・63年生まれ		伊東
・65年生まれ	古田、池山、橋上	

・66年生まれ　笘篠

・68年生まれ　土橋、飯田　　　　岡林、高津、西村

・70年生まれ　　　　　　　　　　川崎、伊藤智

・73年生まれ　　　　　　　　　　石井一

私がヤクルト監督に就任した当時は、まさに「明治の大砲」だった。明治大出身の長距離打者という意味ではない。明治時代につくられたような古い大砲。つまり、なかなか当たらない。確実性に乏しいことを揶揄したものだ。とにかく三振が多かった（85年〜92年に8年連続100三振）。

打席で構えるとき、バットを持つグリップが上下に動く癖があり、バットが上にいったときに投球を上から叩ければいいが、だいたいは下がってしまいミートしそこなってポップフライ。私は打撃技術の細かな直接指導はしないことにしているが、野球評論家の山内一弘氏（大毎ほか）がそう評していた。

それでも広沢の勝負強さは徐々に増していった。91年に初の打点王。92年は四番をジャック・ハウエルと併用したが、93年からは広沢を四番に固定した。やはり「エースと四番」は、助っ人より

日本人がいい。私の持論である。

92年は阪神と優勝を最後の最後まで争った。10月10日、甲子園でハウエルが右翼席に本塁打を放つと、右翼席の阪神ファンは静まり返った。一瞬、ファウルなのかと勘違いしたほどだ。そして、広沢が続けて右翼席にダメ押し弾を打ち込んだ。

ヤクルトが初の日本一に輝いた78年、阪急との日本シリーズ第7戦。大杉勝男が左翼ポール際に放った打球はファウルではないかと1時間19分も中断した。結局、判定は本塁打のまま覆らず。さらに大杉は次の打席も、これでもかとばかり「打ち直し」の本塁打を叩き込み、ブーイングを発する観客を黙らせた。広沢は、大杉（83年限りで現役引退）の背番号8を受け継いでいた。体が丈夫（大杉は890試合連続出場、広沢1180試合連続出場）なところもそっくりだ。

「広沢が勝利を決定づけるダメ押しの本塁打を放ち、勇躍、ダイヤモンドを駆ける姿は、大杉をほうふつとさせた」と、当時をよく知るヤクルト関係者が語っていた。

93年は、その78年以来15年ぶりの日本一。広沢は四番打者で2度目の打点王に輝く。「明治の大砲」から、押しも押されもせぬ和製大砲に成長を遂げた。

94年、チームは4位に沈むのだが、そのオフ、広沢は「FA権を取得したから巨人に移籍したい」と私のところに言ってきた。私は大反対した。

「お前、巨人の歴史を勉強したのか。よそ者はダメ、行ったら使い捨てよ。使えなくなったらポーンと放られるぞ。人生の選択を間違ったら絶対アカン。お前は将来のヤクルト監督候補やぞ」

「いや、それでも行かせてください。子供のときからの夢だったんです」

実際、当時の巨人は落合博満（ロッテ・中日→94年～96年巨人）、清原和博（西武→97年～05年巨人）、石井浩郎（近鉄→97年～99年巨人）と、一塁手ばかりを獲得していた。

広沢にしてみれば、ヤクルトでちょうど10年を過ごしたという理由があったのかもしれない。だが、あとで他から聞いた話だと、ヤクルトとの93年末の契約更改交渉で広沢はけっこう辛らつなことを言われたらしい。

果たして広沢は巨人で苦労した。巨人ファンは鳴り物入りの外様大物に大きな期待をかける。特に打率が低い打者には厳しい反応をする傾向があるのだ（広沢は全131試合出場、20本塁打72打点も、打率・240）。

しかも、四番の自分が抜けてもヤクルトは95年優勝を遂げた。広沢の胸中はいかばかりだったか。以後、広沢は登録名を「己を捨てた」広沢克、さらに広澤克実に変更するなど、験《げん》もかついだ。

案の定、巨人を解雇され、99年に阪神監督に就任した私を頼り、広沢は00年・01年と、再び私のもとでプレーした。八木裕の「代打の神様」に倣《なら》い、「代打の仏様」とも呼ばれた。01年はヒーローインタビューのお立ち台で「六甲おろし」を歌った。「ヤクルトのトラ」は、本家本元「阪神のトラ」になったのである。

03年、ダイエーとの日本シリーズ第7戦9回二死。引退を決意していた広沢は、代打に出て涙の本塁打を放ち、有終の美を飾る（投手・和田毅）。大杉と同様、第7戦でアーチを架けた。

92年・93年野村ヤクルト、96年長嶋巨人、03年星野阪神で、すべて四番・優勝を経験した（96年日本シリーズは不出場）。前半の10年間に比べ、後半の9年間は苦労の連続だったろうが、終わってみれば波乱万丈、幸せな野球人生ではなかったか。

広澤克実(ひろさわかつみ)
【一塁手】
62年4月10日生まれ、
185cm 99kg、
右投げ右打ち
★栃木・小山高→
明治大→85年ヤクルト
（ドラフト1位）→
95年巨人→00年阪神
（～03年）
1893試　1736安打
打率.275
306本　985点
78盗　75失
●打点王（91年・93年）、
ベストナイン（88年・
90年・
91年・93年）
■97年サイクルヒット、
1180試合連続出場
（歴代5位）、
オールスターゲーム出場
8度
★親分肌でヤクルト時代は個性派集団をまとめた。通算1529三振を喫するも、勝負強く、2度の打点王に輝いた。
FAで95年巨人移籍。92年・93年野村ヤクルト、96年長嶋巨人、03年星野阪神で、すべて四番・優勝を経験。巨人では主に外野、阪神では代打としても活躍。

トーマス・オマリー

ヤクルトスワローズ

Thomas O'Malley

ヤクルトは92年・93年と連覇したあと、94年は4位。しかも広沢克己、ジャック・ハウエルの主軸打者が巨人に移籍した。

一方、94年優勝の巨人はさらに川口和久（広島）・阿波野秀幸（近鉄）・河原純一（駒沢大）らの好投手を獲得。連覇に向け、長嶋茂雄監督は飽くなき大補強に意欲を見せた。それをマスコミは「巨大戦力」と表現した。

そこへ「トーマス・オマリーが阪神を解雇された」という情報が入った。すぐさま私はヤクルト・フロントに、「ほかの球団に獲られる前に、すぐ獲ってくれ！」と電話をかけたものだ。オリックスと争奪戦を繰り広げた末の獲得だったらしい。

選球眼に秀で、四球が多く出塁率が高い（92年から四球94個、75個、89個、96個。4年連続4度の最高出塁率＝ロッテ→中日・落合博満7度、オリックス・イチロー5度に次ぐ）。

また、オープンスタンスから安打を量産するオマリーの打撃には、91年の来日当時から私は一目置いていた。解雇の理由は「外国人としては本塁打が少ない（94年15本塁打）」という話だった。

広い甲子園球場に比べたら、狭い神宮球場で本塁打は増えるだろう。しかも本塁打なんぞ、安打の副産物にすぎない。采配を振るう身からすれば、本塁打1本にこだわるより安打10本打ってくれるほうがどれだけ助かるか。

開幕カードは巨人と東京ドームで相まみえた。いきなり斎藤雅樹に完封を許す。2戦目も桑田真澄に手も足も出なかったが、9回桑田の飯田哲也への危険球退場からチャンスをつくり逆転勝ち。3戦目はオマリーのタイムリー殊勲打で、まずは幸先のいいスタートを切った。

そして迎えた4戦目、神宮球場初戦の中日戦。オマリーは先制・逆転・ダメ押しの1試合3発。その余勢を駆って、チームは4月8連勝。

オマリーの活躍でみごと開幕ダッシュに成功し、首位の座を一度も譲ることなく、ぶっちぎりでゴールのテープを切ったのだ（1試合3発は、ヤクルトでは87年ボブ・ホーナー以来）。終わってみれば、この開幕からの4試合が大きかった。

日本シリーズの相手は、イチローを擁するオリックス。神宮球場は超満員だった。結果は4勝1敗でヤクルトに凱歌。「オマリーと小林宏の14球」が有名なシリーズだ。

だが、ある記者に言わせれば、「延長戦が3試合あったとはいえ、内容は終始ヤクルトが圧倒。

記憶に残る名場面がほとんどなかったので、第4戦の対決を名場面としてこじつけた」と語っていた。

延長11回裏、オマリーは粘ったが、三振（一死一・二塁。ファウル8球で計14球）。もしオマリーにサヨナラ打が出ていたら4勝0敗、一方的なストレート勝ちだった。

ペナントレースで31本塁打（125試合、127安打の打率・302、87打点）、日本シリーズ2本塁打（9安打、打率・529）で、いずれもMVP。阪神は4年ぶり最下位に沈んだ。オマリーは自分を放出した阪神に対して溜飲を下げた。

翌96年も最多勝利打点を連続で記録するなど、勝負強さを遺憾なく発揮。95年以上の成績を残した（127試合、145安打の打率・315、18本、97打点）。

都合わずか2年でヤクルトを退団している。なのにオマリーの名前がイの一番に挙がるのだから、いかに強烈な印象が残っているか、ということだ。

一塁手ベストナインはノー文句でオマリーだ。

小さめのヘルメットを浅目にかぶったり、ガムをかんだりしている外見とは裏腹に、頭脳派で配慮ができて、細やかな気遣いを見せられる選手だった。

阪神ファンに対しては「タイガースファン、いちばんや〜」と言っていただけに、決めゼリフは「スワローズファン、応援くださ〜い」と言い換えた。

私に対しても、「グラウンドに立つ相手チームの選手は9人だけど、ウチはボスを含めて10人で戦っている」などと嬉しいことを言ってくれた。

野球に関しても、とにかく頭がいい打者だった。そうでなければ6年連続打率3割など打てないだろう。とにかく緻密かつ正確。配球を読むために、投手のクセを一生懸命探していた。

大きなクセなら誰もが見える。ベンチで「次はまっすぐ」「今度はカーブ」と言いながら全員で確認できる。しかし、オマリーは小さなクセもよく見つけた。その球種はどこでわかるんだとこちらが疑問に思うことでも、「ほら、あそこを見てくれよ」と即答してくれるといった具合に、目のつけどころが実によかった。

クセを見るということは、投球をしっかり見ることにつながる。当たり前のことだが、目をつぶって投球は打てない。目を開いて見ているから打てるのだ。スランプに陥ったときは、0コンマ何秒か投球の見切りが早くなっている。

だから、投球を漠然と見るのではなく「見るぞ!」と強く意識し、目を凝らして球をジッと睨みつける。すると不思議なことに打撃で大事なタイミングまで合うようになる。意識するのとしないのとでは全然違う。同じ理由で、流し打ちを意識すると投球を長く最後まで見られることでスランプ脱出につながる。

私はゴルフはやらないが、よくテレビで解説者が言っているのを耳にする。「球をよく見て、顔が残っていましたね」と。止まっている球を打つゴルフでさえそうなのだから、まして140キロ前後で動いて変化する野球の投球を打つためには、よく見ることが肝要だ。オマリーも私も、投手のクセと一緒に球をしっかり見て打っていた。

余談だが、オマリーと同じ95年と96年にヘンスリー・ミューレンという助っ人三塁手がいた（ロッテから移籍）。その2年間でそれぞれ29本塁打と25本塁打を放った。三振は多かったが、「恐怖の八番打者」と呼ばれた。

ミューレンはその後、米国ジャイアンツの打撃コーチに就任。今年（13年）のWBCでオランダの代表監督を務め、ウラディミール・バレンティン外野手（ヤクルト）やアンドリュー・ジョーンズ外野手（楽天）を率いてキューバを破り4強進出、オランダ旋風を巻き起こした。

そのキューバは、私が社会人野球シダックス監督時代（03年〜05年）に指導したビクトル・メサが監督だった。2人とも「野村監督に教わった日本野球が大いに役立っている」とコメントしてくれた。僭越ながら、世界に野村野球のDNAが息づいている。

トーマス・オマリー
【一塁手】
60年12月25日生まれ、
185㎝89㎏、右投げ左打ち
★米国・モンターズビル高→
91年阪神→95年ヤクルト（～96年）
742試　820安　率.315
123本　488点　15盗　34失
●MVP（95年）、首位打者（93年）、
最高出塁率（92年・93年・94年・95年）、
ベストナイン（95年）、
ゴールデングラブ賞（92年）
■95年日本シリーズMVP、
オールスターゲーム出場3度
★阪神時代、最下位から92年2位躍進の
原動力となるも、
93年からチームは連続4位。
長打力不足が理由で阪神を自由契約。
95年ヤクルトで自己最多31本塁打、
ペナントレース・日本シリーズとも
MVPに輝き意地を見せた。
6年連続打率3割は外国人初。
阪神で背番号1、ヤクルトで3。

ドン・ブレイザー

南海ホークス

Don Blasingame

野村克也に革命をもたらす

私の監督時代の選手ではないが、ドン・ブレイザーだけは特別だ。現役時代に一緒に戦った二塁手としてのプレースタイル、野球に対する知識が、私の監督采配に多大なる影響を及ぼした。いや、日本野球に最大の革命をもたらしたと表現しても過言ではない。彼の名前を挙げないわけにはいかない。

本名はドン・ブラッシンゲーム。現在のようにスコアボードが電光掲示板ではなかった時代、長くて書き切れないということで愛称が登録名になった。

私より4歳上。この人に出会って私の野球観は一変した。それまで来日した米国選手の多くは3Aレベルであったが、そのイメージはとにかくスピードとパワーだけはあるな程度のものでしかなかった。語弊があればお許し願いたいが、頭を使うというよりも天性の力に任せた粗い野球。

日米野球でカージナルスやジャイアンツが来たが、ブレイザーは両方のチームに所属したことがあるので、それぞれのチームの選手として違う年に来日していた。カージナルス時代の超美技を見て、南海が獲得したと聞いたことがある。

南海入団が36歳だったから、すでに足はそんなに速くなかったし、守備範囲もそれほど広くなかった。とはいえメジャー12年のキャリアに加え、メジャー・オールスターゲーム経験者（58年）だけあって堅実なフィールディングだった。

日本でも攻守にわたる格違いのプレーを披露し、67年・68年とベストナインに選出され、67年〜69年の3年連続でオールスターゲームに出場した。

背番号1、ブレイザーのプレーがわれわれ日本人と一味も二味も違っていたのはともかく、あの小さな体でメジャーで長く生き抜いてきたのには必ずや理由があると思った。本拠地の大阪球場以外、遠征に出るたび、いつも食事に誘って野球談義をしたものだ。

ブレイザーの話を聞いて、メジャーがそんなに緻密に考えて野球をやっているということに驚愕した。例えばヒットエンドランの話。

「ミスター・ノムラ。打席でヒットエンドランのサインが出たら何を考える?」

「フライはダメ。走者が刺されないように空振りはできない、見逃しもダメ。何とかバットに当ててゴロを転がして進塁打を狙う」

「それだけか」

「ほかに何かあるのか？」

「一塁走者が走れば、二塁のベースカバーに二塁手か遊撃手のどちらかが入る。その入る野手を読め。そこにスペースができるから、そこを狙って打てば安打になる確率が高い」

今でこそ普通のプレーだが、当時はそんなことを言う人は皆無だった。

「どちらが二塁ベースカバーに入るか、わからない」

「それは一塁走者が協力するのさ。偽装スタートを切る。走ると見せかけて戻ればいい。一塁走者につられて、二塁手か遊撃手のどちらかが動くはずだ。それで見破れ」

「驚いた。そんな方法があるのか……」

「日本の野球は、右打者か左打者かによって二塁ベースカバーにどちらの野手が入るかを最初に決めてしまう。しかも1球1球で変わることはない。だから打者が打つ方向を決めるのは簡単さ。だが米国では、捕手から出る球種やコースのサインによって、どちらが二塁ベースカバーに入るか1球1球変えるんだ。たとえば右打者にアウトコースのスライダーのサインが出たら、セカンド方向に飛ぶ確率が高いから、ショートが二塁ベースカバーだ」

さらに、

「ノムラ、それだけじゃないぞ。逆に打者からすれば、ショートが二塁ベースカバーへ動き始めた瞬間、アウトコースの投球を予測すればいい」

目から鱗が落ちる思いだった。それくらい日本野球は遅れていたのだ。

「では、送りバントのサインが出たら何を考える?」

「走者一塁なら、一塁方向。走者二塁なら、三塁方向にバントする」

セオリーというものがある。走者一塁なら、投手からの牽制球に備えて一塁手は一塁ベースにくっ付いている。その分、打球処理が遅れるから、一塁手方向にバントをする。

走者二塁なら、三塁手の前に打球を転がして直接捕らせれば、三塁手は一塁に送球せざるをえない。走者は三塁に進める。

「いや、セオリーにこだわるな。バントにも得手、不得手があるだろう。自分のバント能力で一塁側は得意だが、三塁側が苦手な選手は一塁側に転がせばいい。いいバントは、バントシフトに勝るものだ」

ブレイザーは、まさしくバントの名手だった。当時は犠打自体、現在のように多くなかったのだが（ブレイザーは67年6個、68年13個、69年14個）、左打者のブレイザーがバットにボールを当て、クルクルシュッと絶妙なところで打球を止める。

ブレイザーに言わせれば、「一塁手が前に来ようが、三塁手が前に来ようが、私には関係ない」。言われてみれば試合前、ブレイザーが聞きに来るのは、「きょうの先発投手の守備能力はどうだ。バント処理はうまいか？」ばかりだった。投げた後に守備態勢に入るのが遅れる投手の前へ打球を転がしていた。

さらに凄いと感服させられたのは、大差で負けていての最終回、ブレイザーが先頭打者で打席に入ると絶対に2ストライクに追い込まれるまで打たないこと。99パーセント敗色濃厚。それでも試合を捨てない、あきらめない。何とか四球ででも出塁しようという気構え。大和魂を持っているような男だった。

69年オフ、私が川勝傳オーナーに（選手兼任）監督要請を受けたとき、「兼業はとても無理です」と辞退した。選手をやっていれば監督業はできないし、監督業をやっていれば選手業がおろそかになる。文字通り、「二兎を追うものは……」になりかねない。

私は当時まだ35歳。テスト生からはい上がってやっとつかんだポジションだけに、1年でも2年でも長く現役を続けたかった。惜しまれて辞めるより、限界までやることを心に決めていた。プレイング・マネージャーを引き受ける気は、実はまったくなかった。

50年に2リーグ分立後、南海は69年までの20年間、1位9回、2位9回、4位1回、最下位1回。その最下位1回とは、鶴岡一人監督から飯田徳治監督に交代した69年なのである。

73年まで不滅のV9を成し遂げた、私が尊敬する川上哲治監督（巨人）の言葉を借りれば、「監督交代は、チームの危機のとき」なのだ。

川勝オーナーは「まあ急な話で君も戸惑うだろうけど、3日ほどじっくり考えて返事をくれ。われわれもみんなで本当によく検討した結果、最下位まで落ちた南海を立て直すのはもう君しかいないという結論に達した。ぜひ前向きに検討してくれ」。

熟考の結果、3日後にそれでもやはりお断りしたのだ。

「無理はわれわれも承知している。そのうえで頼むのだから、何とか引き受けてくれ。もう何でも言ってくれていい」

そこまで言われては自分も無下には断れなくなった。ある意味、光栄だ。選手は30代に入ると引退後のことを少しずつ考え始めるものだ。私は誰にも負けない野球評論家になろうと思い始めていた。いや、そういう道しかない。

実力の世界と言っても、この世界も結局は学歴社会だ。なぜならコーチ、監督はみんな大学出ばかり。監督の声がかかるなんて夢にも思っていなかったことだ。

「バックアップは全面的にする。何なら助監督のような立場のヘッドコーチをつけたらどうだ」

その瞬間、ピーンときた。「ブレイザーに頼もう！」と。

さすがに力が衰えて現役を引退し、帰国したばかりのブレイザーにヘッドコーチを要請、再来日してもらった。70年から77年まで8年間、「THINKING BASEBALL」を標榜するブレイザーと二人三脚で私は采配を振るった。

私が南海を退団すると、ブレイザーは南海で同じ釜の飯を食った古葉竹識（70年・71年選手、72年・73年コーチ）に請われ78年広島ヘッドコーチ、さらに79年・80年阪神監督、81年・82年南海監督と指導者を歴任する。

前出のダリル・スペンサー（野村克也の項参照）とともにブレイザーが日本野球に及ぼした影響ははかりしれない。特にブレイザーはパ・リーグばかりか、セ・リーグの野球にも接している。

79年、田淵幸一・古沢憲司⇅真弓明信・若菜嘉晴・竹之内雅史・竹田和史の大トレードを敢行、小林繁の加入（江川卓とのトレード）で、前年より20勝プラスして阪神を最下位から4位に浮上させた。80年は岡田彰布とデーブ・ヒルトン二塁手の起用法を巡り5位。

以後、81年・82年の南海では5位・6位。監督としてより参謀として手腕を発揮するタイプだったように思う。

いずれにせよ、スペンサー（29年生まれ、阪急64年～68年選手・71年～72年選手兼任コーチ）とブレイザー（32年生まれ、南海67年～69年・70年～77年ヘッドコーチ）が、私の野球人生に大きな大きな影響を及ぼしたのは間違いない。

ドン・ブレイザー
【二塁手】
32年3月16日生まれ、
177㎝76㎏、右投げ左打ち
★米国・リブスコム大→
67年南海（~69年）
366試　371安　率.274　15本
86点　13盗　47失
●ベストナイン(67年・68年)
■オールスターゲーム出場3度
★177㎝と小柄ながら
メジャーで好成績
(1444試合1366安打)
を残せたのは
「シンキング・ベースボール」
の実践による。
70年から野村・南海、78年に
古葉・広島のヘッドコーチを
歴任。
79年阪神監督就任、
前年より20勝を上積みして
最下位を脱出させた。

桜井輝秀

南海ホークス

Teruhide Sakurai

7年連続レギュラー

桜井輝秀は、西岡三四郎投手の高校1年先輩に当たる。私がプレイング・マネージャー2年目の71年から、私が退団する77年まで7年間にわたりレギュラーで起用した。

ドン・ブレイザーが67年から69年まで、古葉竹識が70年・71年と「1」を背負ったが、桜井が希望して72年から付けたのではなかったか。それまでは背番号37だった。

73年にベストナイン、73年と74年にダイヤモンド・グラブ賞を獲得。73年の優勝に貢献した。

私の監督時代に限れば、捕手・古田の9年、中堅手・飯田の8年に次ぎ、二塁手・桜井の7年。1ポジションで長きにわたりレギュラーを張った選手であった。

桜井から二塁定位置を奪取した河埜敬幸、河埜と二遊間を組んだ定岡智秋は、それぞれ巨人の河埜和正遊撃手の弟、定岡正二投手と広島の定岡徹久外野手の兄である。

土橋勝征

ヤクルトスワローズ

Katsuyuki Dobashi

脇役の中の主役

高3の夏、印旛高の土橋勝征・遊撃手兼投手は、千葉県屈指の強打者だったらしい（予選5本塁打は千葉県記録）。だが飯田哲也捕手を擁し、その土橋を決勝でくだした拓大紅陵高が春夏連続甲子園出場を果たす。

桜井輝秀（さくらいてるひで）
【二塁手】
48年4月12日生まれ、
173㎝72㎏、右投げ右打ち
★兵庫・洲本実高→67年南海
（第1次ドラフト5位～82年）
1041試　849安　率.255
29本　232点　89盗　85失
●ベストナイン（73年）、
ダイヤモンドグラブ賞
（73年・74年）
■オールスターゲーム出場2度
★71年から5年連続100安打を
放ちレギュラー定着、
73年の優勝に貢献。
71年50打点、74年29盗塁。
74年・75年に全130試合出場。
72年から背番号1。
83年から15年間にわたり
ホークスのコーチ。
98年よりフロント入り、
04年まで管理部長を務めた。

それでも、春の甲子園で大活躍（打っては本塁打、守っては1試合3補殺＝牽制2、バント封殺1）してスカウトの耳目を集めた飯田（ドラフト4位）より、土橋のほうが入団時の評価は高かった。甲子園未経験、高校出の内野手でありながらドラフト2位である。

捕手から外野手にコンバートされて一軍レギュラーをモノにした飯田に対して、イースタン・リーグで本塁打を量産した土橋だが、一軍でなかなか結果を残せない。

打者には「長距離打者」と「短距離打者」の2種類しかない。だから「中距離打者」などない。私には土橋がどうしても長距離砲には思えなかった。

しかも強力なライバルが立ちはだかった。遊撃に池山隆寛、三塁にはボブ・ホーナー、ダグ・デシンセイとメジャーを代表する三塁手が2人入団、さらに人気者の長嶋一茂だ。

出場機会を増やすために、私は土橋を外野手で起用した。92年の西武との日本シリーズでは外野で好守連発。とにかく打球にしがみついて離さない。球際に強かった。

二塁手はというと笘篠賢治・桜井伸一、92年ジョニー・レイ、93年レックス・ハドラー。こちらはレギュラーを固定できなかった。

ミーティングでこういう話をした。

「野球は筋書きのないドラマだ。ドラマには主役と脇役がある。脇役がいてこそ、主役が光る。土橋、お前は典型的な脇役タイプや。二塁手や二番打者の条件や役割などを勉強して、いい脇役をめざせ」

二塁守備はお世辞にも華麗とは言えなかったが、打球を体に当て前に落とす。泥臭いプレーが身上だった。

進塁打を打つのも徐々に上手くなっていった。バットを二握りくらい短く持って打席に臨む。まず一塁走者の飯田が走るまで、自分のバッティングカウントがわるくなっても待っている。

盗塁を助けるために、捕手が二塁に投げにくいような動作もする。自らがアウトになっても走者を進める、打率が下がっても自己犠牲の進塁打を厭わなかった。

試合で殊勲打を放ちヒーローになっても「オレはいいよ」とお立ち台に上らず、記者泣かせだったと聞いた。サイン色紙に書く座右の銘は「謙虚」の二文字。もう完全に脇役に徹していた。

土橋の声をほとんど聞いたことがなくて、コーチや他の選手に尋ねたことがある。

「土橋って、しゃべるのか」

「しゃべりますよ」(笑)

「役作り」の一環かとも思ったが、ふだんも本当に無口だったようだ。バットを持った哲学者のような雰囲気を醸し出していた。

反面、土橋は内に秘めたる闘志が素晴らしかった。野球は状況判断のスポーツだから、打席に入るときの目的は、出塁する、走者を進める、走者を還す、のいずれかだ。

頭とか手首に死球を受けるとケガで休まなくてはいけないが、尻とか足に当たる分にはたいしたことはない。出塁目的のときは、内角に厳しい投球が来ても絶対逃げない。当たってもポーカーフェイス、涼しい顔をして一塁に歩いていくのだ。

95年と97年の優勝、私は土橋が「陰のMVP」だと思っている。95年はセ・リーグトップの32二塁打、97年は規定打席未満ながら打率・301、61打点を叩き出した。

実にヤクルト一筋20年、表彰されたのは通算1000試合出場（史上370人目）と通算1000安打（史上224人目）。オールスター出場も95年の1度きり。それ以外、目立った成績も残していない。

よく「いぶし銀」「バイプレイヤー」というと、マスコミは土井正三（巨人二塁手）の名前を真っ先にあげる。

・土井14年　１５８６試合　１２７５安　率・２６３　65本　４２５点
・土橋20年　１４６４試合　１１２１安　率・２６６　79本　４２７点
土井も土橋も似たような数字だ。だが、その実、土井のプレーは派手だったように思う。土橋本人はこんなことを言っていた。

「タイトルや勲章がないことが、僕の勲章です」

主役を彩る土橋こそ「脇役の主役」だ。まさに陰のＭＶＰ、ベストナイン二塁手だ。

土橋勝征（どばしかつゆき）
【二塁手】
68年12月5日生まれ、
179㎝83㎏、右投げ右打ち
★千葉・印旛高→87年ヤクルト
（ドラフト2位～06年）
1464試　1121安　率.266
79本　427点　35盗　70失
■オールスターゲーム出場1度
★遊撃に池山、三塁にホーナー・デシンセイ・長嶋一茂らのライバルがいて、外野手転向を経て、二塁手に。
目立つタイトルや記録は特にないが、主砲ONにチャンスメークした土井正三（巨人）と双璧の「いぶし銀」。

ヤクルト一筋20年。

藤原 満

南海ホークス

Mitsuru Fujiwara

ツチノコ型バット

藤原満のあだ名は、プロボクサーのチャチャイ（タイ）に似ているところから「チャイ」だった。松山商高から近畿大と、野球名門校の出身。近大時代は有藤通世（道世、ロッテ69年〜86年。87年〜89年監督）と三遊間を組み、打順も四番・有藤の前の三番を打っていた。

だが、藤原は体も大きくないし、どう見てもアベレージヒッターだ。南海同期のライバルに「花の昭和44年組ドラフト1位」で、田淵幸一・山本浩司（浩二）とともに「法政大三羽烏」と並び称された強打者の富田勝内野手がいた。

私は藤原のために運動具屋に足を運んだ。ルール違反にならない範囲で、ヘッド（先方）とグリップ（根元）が太いバットを試作してもらったのだ。

先っぽは素振り用のリングも通らないほど太く、反対側のグリップも細くなっておらず、言ってみれば料理に使う「スリコギ」のよう。重量はちょうど1000グラムほど。

実はこれはタイ・カッブ（1886年生～1961年没＝三冠王1度、首位打者12度、盗塁王6度、通算4189安打、通算打率・366）が使用していた型のバットであり、「タイ・カッブ型バット」が通称である。日本では胴が太い「ツチノコ」という幻の蛇の体型に似ていることにちなんで、「ツチノコ型バット」と呼ばれることも多い。

私は藤原に提案した。

「お前、安月給なんだから、このバット1本ありゃ折れないし、1年間買わんでもええぞ。どうや、このバット使うんなら今日スタメンで出してやる」（笑）

なぜそう言ったかといえば、藤原はバスターがうまかった。1でバントの構え、2でバットを引き、3でバットをボールにぶつける。打撃はタイミングさえ測って、投球にぶつけるだけでいい。「バットを振り切る」必要なんてない。ミート打法だ。「イチ、ニーイ、サン」のタイミングで振るバスター打法のイメージが、藤原は完璧にできていたのだ。

その試合、結果は4打数3安打。バット効果はテキ面だった。以後、安打を量産した藤原は、あれよあれよという間にレギュラーの座を獲ってしまった。

72年までは遊撃で多く起用したが、100安打を放った73年からは、巨人にトレードした富田が守っていた三塁に固定した。

75年から8年連続100安打。76年・77年（80年・81年）は打率3割をマーク。76年は最多安打と50盗塁でベストナイン、ダイヤモンドグラブ賞にも輝いている。

あるとき福本豊（阪急）がそのバットを握って言った。

「ほう、これはいいな。オレもこの形のバットで打とう」

その後、「ツチノコ型」はまたたく間に球界に広まった。パ・リーグでは大石大二郎（近鉄）、セ・リーグでは高橋慶彦（広島→ロッテ→阪神）、松本匡史（巨人）、飯田哲也（ヤクルト）、赤星憲広（阪神）が使用した。体が小さく、俊足の打者に向いている。

私は「固定観念は悪、先入観は罪」だと思う。オールスターゲームのとき、王貞治（巨人）にこう言われたことがある。

「ノムさん、どんなバット使ってんの？　えらくグリップ太いね（笑）。ホームランバッターはもっと細くしたほうがいいんじゃないの？　グリップが細くてヘッドが重いほうが、遠心力を使って打球も飛ぶよ」

だが、それは固定観念というものだ。私も試行錯誤して、グリップが太いバットに行き着いたのである。しかも、私はバットのグリップを一握り余して持つ。

結果的に私は長距離打者でありながら、遠心力打法でなくミート打法。「本塁打を狙って打ち損じが安打」ではなく、「安打の延長が本塁打」タイプなのである。

「弘法筆を選ばず」という格言もあるが、「球聖」と呼ばれたタイ・カップは体調に合わせて重量の違うバットを使い分けていたそうだ。ときに弘法は筆を選ぶのである。

そのことを私は選手たちに常々話していた。飯田哲也しかり、古田敦也（いずれもヤクルト）しかり。人の仕事場だけでなく、野球の道具にも「適材適所」はあるのだ。

藤原　満（ふじわらみつる）
【三塁手】
46年9月18日生まれ、
177㎝77キロ、右投げ右打ち
★愛媛・松山商高→近畿大→
69年南海（ドラフト4位82年）
1354試　1334安　率.278
65本　413点　195盗　159失
●ベストナイン（76年）、
ダイヤモンドグラブ賞（76年・
81年）、
最多安打（76年・81年）
■オールスターゲーム出場5度
★近大では有藤通世（ロッテ）
と三遊間を組んだ
「花のドラフト昭和44年組」。
タイ・カップ型（すりこぎ状）バット
で8年連続100安打。打席が
多い一番打者でも三振が少なく、
年間最多が39個、
通算でも5224打席で344個。
76年50盗塁、通算195盗塁。

ジャック・ハウエル

ヤクルトスワローズ

Jack Howell

劇的サヨナラ弾5本

ジャック・ハウエルはメジャーのエンゼルス時代、「ブロークンバット・ホームラン」で有名だった。投球に押されてバットが折れたのだが、打球はそのままスタンドイン。つまり、それだけパワーがある打者ということだ。

来日した92年、オールスターゲーム前はわずか8本塁打。それが後半は実に30本も放ったのだ。本塁打王と打点王を一緒に獲得する打者はよくいるが、ハウエルは本塁打王と首位打者を同時に獲得した。113試合出場、128安打の打率・331、38本塁打、87打点。

その92年、阪神と繰り広げたマッチレースの集大成となった甲子園での最終2試合。ヤクルトが1つ勝てば優勝、阪神が2つ勝てばプレーオフ。10月10日、ナインが緊張する中、ハウエルが先制本塁打を含む2打席連続アーチを甲子園の夜空に架ける。感動の胴上げにつながった。

シーズン終了後、MVPは大方の予想が古田敦也だった。全131試合出場、150安打の打率・316（3位）、30本塁打、86打点。マスクをかぶっても本塁を死守した。

しかし、投票のフタをあければハウエルがMVPだったのは、やはり試合展開を変える一打、勝負に決着をつける一発が多かったのをプロ野球記者が評価したからだろう。

「教え子ベストナイン三塁手」には、私もハウエルに票を投じる。

さらに翌93年、ハウエルの「サヨナラ本塁打5本」はいまだにプロ野球記録。ここでも勝負に決着をつける一発が多かったのを証明した。チームはセ・リーグ連覇、15年ぶり日本一の頂点に登りつめた。

ジャック・ハウエル
【三塁手】
61年8月18日生まれ、
183㎝91㎏、右投げ左打ち
★米国・アリゾナ大→92年ヤクルト→
95年巨人（～95年）
405試　397安　率.291　100本
272点　11盗　37失
●MVP（92年）、首位打者（92年）、
本塁打王（92年）、ベストナイン（92年）
■92年サイクルヒット、
93年サヨナラ本塁打シーズン5本、
オールスターゲーム出場1度
★エンゼルスでデシンセイ（88年ヤクルトでプレー）
の次の三塁手で87年23本。
ブロークンバット・ホームラン
（バットが折れても本塁打）で有名。
92年は率.331、38本87点でMVP、
93年サヨナラ弾5本は日本記録。
95年巨人で66試、率.279、14本41点。

小さな大遊撃手

小池兼司

南海ホークス

Kenji Koike

小池兼司は、私がプレイング・マネージャー就任前に4年連続（63年～66年）でベストナインを獲っている。

当時のパ・リーグ遊撃手の顔ぶれは、本屋敷錦吾・河野旭輝・山口富士雄・阪本敏三・大橋穣（いずれも阪急）、岩下光一・佐野嘉幸（いずれも東映）、矢ノ浦国満・安井智規（いずれも近鉄）、トニー・ロイ・船田和英（いずれも西鉄）、千田啓介（ロッテ）といった具合。

小池はオールスターゲームにも5度出場するなど、群雄割拠の中での選出だった。

170センチに満たない小柄で細身、すばしっこい遊撃手（20盗塁3度）だった。

やはり守備はうまかった。確か、遊撃手の最多守備機会（64年）、最多併殺（63年）、連続守備機会無失策（68年）の記録をつくったと思う。それぞれの記録は、守備範囲が広く俊敏で、堅実だったことを意味している。

打っても何年かはそこそこの打率を残し（64年打率・260、65年打率・268）、通算1500試合1000安打100盗塁をクリアした。
その後、規定打席不足でも71年まで、11年連続でチームで最も多く遊撃手で出場した。

小池兼司（こいけけんじ）
【遊撃手】
39年2月5日生まれ、
169㎝70㎏、右投げ右打ち
★静岡・浜松商高→専修大→
61年南海（～74年）
1536試　1003安　率.226　104本
473点　113盗　232失
●ベストナイン（63年・64年・65年・66年）
■オールスターゲーム出場5度
★62年から71年までレギュラー。
60年代チーム4度の優勝に貢献。
守備は堅実で、68年には遊撃手連続守備機会
無失策218という当時の日本記録を樹立。
小柄ながら引っ張る打撃を身上とし、
64年.260、10本57点30盗。
65年.268、17本63点12盗。

池山隆寛

ヤクルトスワローズ

Takahiro Ikeyama

無冠の帝王

　私がヤクルト監督に就任した頃、池山隆寛は当時珍しい「打てる遊撃手」だった。2年連続30本塁打をマークし、それなりの地位を築いていた。ただ、フルスイングはいいが、いかんせん三振が多過ぎた。

「おい、ブンブン丸って言われて気分ええか？」

「悪い気はしません」

　そのほか「ミスター・バックスクリーン」とも呼ばれ、「安打の延長が本塁打」どころか「三振の延長が本塁打」というタイプだった。

　とにかくバットを振った顔はいつも左翼方向を向いていて、シーズン三振記録を毎年でも更新しそうな勢いだった（88年から5年連続30本塁打をマークした一方で、87年から6年連続100三振を喫した。ちなみに広沢克己は85年から8年連続100三振）。

「お前個人のキャッチフレーズ、宣伝にはいいかもしれんが、チームはどうなるんや。ブンブン、ブンブン振り回して三振したら、そこで攻撃は終わり。オレは作戦の進めようもない」

だから私の就任1年目、90年の開幕戦、東京ドーム。そんな意識やチームのぬるま湯体質を払拭すべく、開幕スタメンの打順は「八番・池山」という荒療治に出た。

実は池山に忠告すべきかどうか、非常に逡巡した。ともすれば池山の最大の魅力である豪快さを消すことにもなりかねないからだ。

しかし、池山は素直な性格で、すぐに振り回すのをやめた。投手の配球を研究し、その90年、自身のキャリアハイの成績を残しているはずだ。「打率3割、30本塁打、90打点」クリアは遊撃手史上初の記録である（打率・303、31本塁打、97打点）。

183センチの大型遊撃手。守っても全身これバネという類《たぐい》まれな身体能力を生かし、三遊間一番深いところの打球を逆シングルで捕って、一塁に大遠投。そんな好守がチームのピンチを幾度となく救った。

当時の遊撃手連続守備機会無失策（91年405）や守備率（・9941）の新記録も樹立した。ただ、ゴールデングラブ賞は1度だけ（92年）。好守の川相昌弘（巨人）や野村謙二郎（広島）らもいて、賞には恵まれなかった。

自分に近い打球だけ無難にさばいていれば当然、守備率は高くなる。しかし遊撃手や二塁手は、左翼前や中堅前に抜けようかという打球を、たとえエラーすることがあっても追いついてアウトにするという「守備範囲の広さ」が大切だと思う。だから私は守備率をそんなに重視していないが、当時の私は池山を「守備だけで1億円プレーヤーになれる」と評した。

「打てる遊撃手」というと、西鉄時代に私とシノギを削り、のちに国鉄スワローズにも在籍した豊田泰光さんがいる（1814試合1699安打、打率・277、263本塁打、888打点、53年新人王、56年首位打者、ベストナイン6度）。

タイトルには縁がなく「無冠の帝王」に終わった池山だが、通算本塁打（304本）は豊田さんを上回ったし、球団史上トップとのこと。92年から「背番号1」、人気と実力を兼ね備えた「ミスター・スワローズ」の道を歩んだ。

日本シリーズでは92年潮崎哲也（西武）から決勝アーチ、95年平井正史（オリックス）からサヨナラ3ラン。いずれも延長戦のここ一番の場面で放っただけに、ことさら強烈な印象として私の脳裏に焼き付いている。

現役引退後、06年から09年まで楽天打撃コーチ。野村野球の伝道師として、私の教えを選手に伝えてくれた。

池山隆寛（いけやまたかひろ）
【遊撃手】
65年12月17日生まれ、
183㎝75㎏、右投げ右打ち
★兵庫・市尼崎高→
84年ヤクルト（ドラフト2位〜
02年）
1784試　1521安
率.262　304本
898点　108盗　122失
●ベストナイン（88年・89年・
90年・92年・93年）、
ゴールデングラブ賞（92年）
■90年サイクルヒット、91年
遊撃手最高守備率.9941（当時）、
オールスターゲーム出場7度
★強肩を武器に
難職のショートを守りながら、
88年からの5年連続
30本塁打を含む球団最多本塁打。
チームの顔の背番号1をつけた。
晩年はアキレス腱を痛め、
三塁手に転向。
フルスイングをモットーとし、
「ブンブン丸」
「ミスター・バックスクリーン」
の異名をとった。

宮本慎也

ヤクルトスワローズ

Shinya Miyamoto

攻撃的な守備は、最大の防御なり

「野村監督にプロで生きる術を教わった。足を向けて寝られない」

通算2000本安打達成直後の記者会見、宮本慎也の開口一番のコメントだ。本当に指導者冥利に尽きる。

大学2年春に首位打者に輝いているとはいえ、正直、宮本が2000本を打つような選手になるとは、失礼ながら想像すらしなかった。

「こう言っては何だが、お前は自衛隊だ。その心は守るのみ。専守防衛。打順は八番をくれてやる。そのかわりバント技術を磨け。右打ちせえ。一塁走者を進めろよ」

通算犠打は400を超える。右打ちは宮本の巧打の代名詞にもなった。打撃機会が単純に400減り、また走者を進塁させる右打ちの自己犠牲を重ねる中、2000安打の偉業は価値も倍増するというものだ。2000本到達時の本塁打（59本）も、やはり私の教え子である新井宏昌（南海→近鉄＝同86本）を大幅に下回るらしい。

95年入団の新人選手はわずか4人だけだったが、そのうち2人が2000本安打を達成するとは……。しかも、聞けばもう1人の稲葉篤紀（ヤクルト→日本ハム）と同じ試合数（1976）での達成らしい。何という巡り合わせだ。

12年のセ・パ交流戦、神宮球場。2000本を達成した宮本と稲葉の表彰式。サプライズゲストとして花束を渡した私は感無量だった。いつの日か、宮本と稲葉の監督対決が見たいものだ。

思えば私の2〜3歳年上で、球界の名声を二分する名遊撃手がいた。かたや広岡達朗（巨人）さんは堅実。打者走者の足の速さを見ながら、一塁に到達するまでに確実にアウトにする。派手なプレーは一切しなかった。

かたや吉田義男（阪神）さんは「捕るが早いか、投げるが早いか」と表現された。グラブで捕った球を、いつ右手に持ち替えているのかわからないほど早い。「牛若丸」と呼ばれていたが、もう本当に軽快だった。魔術師と言うか、サーカスの曲芸とでも言うべきか、当時はファンサービスを考えて派手なプレーが多かったが、それにしても吉田さんは華麗だった。

とにかく、遊撃手・吉田さんを含めた阪神の内野陣は凄かった。三塁手・三宅秀史、二塁手・鎌田実。試合前のノックは見ごたえがあった。しかもノックをするのが「物干し竿バット」の藤村富美男さんときたら、まさに「ショータイム！」という趣だ。

ノックの球を宙に上げたかと思えば、もうすでに吉田さんが一歩動いている。三遊間深いところや二遊間を抜けそうなゴロを捕っては投げ、投げては捕るものだから、観衆はヤンヤヤンヤの拍手喝采。

南海の私の先輩方も「100万ドルの内野陣」と称された。三塁手・蔭山和夫、遊撃手・木塚忠助、二塁手・岡本伊三美。新人だった私は一軍練習の手伝いが終わると急いで着替え、試合前の一軍ノックを見るのが楽しみだったものだ。

とはいえ、1950年代など土のグラウンドでイレギュラーバウンドばかり。地方球場でも人工芝が普及している現在とは条件がまったく異なる。シーズン150試合の年もあり、年間通して20失策なら少ないほうで、30個台の失策が普通だった（広岡が通算13年1327試合で計237失策、吉田が通算17年2007試合で計344失策）。

今は野球人口の裾野まで野球知識が浸透していて、ゴロを捕ったら全てが全て早く送球すべきではないのをみんな理解している。相手打者や走者の足の速さも計算に入れておき、急がなくてはいけない場合と、ゆっくりでも確実にさばく場合とを使い分ける。そのときどきの状況に合わせたプレーをするのが名手というものだ。

宮本は、少年の頃、野球教室で吉田さんの直接指導を受けたことがあるらしい。何を教わったのかは聞かなかったが、広岡タイプの宮本が、吉田さんの指導を受けるとはおもしろいものだ。そして名手の系譜は受け継がれた。

２０００安打達成直後に宮本自身が語っていたが、「守備で多くの試合に出られたからこそ、その副産物として安打をたくさん打つことができた」。それは捕手で安打をたくさん積み重ねた私の考えと同じである。

遊撃手も捕手と同じく守り重視のポジションだから、打撃は二の次でいい。遊撃—中堅とつながるセンターラインは重要だ。そこに飛んだ打球にはファウルがない。

宮本は新人の95年、主に二塁守備固めとして出場し（ペナントレース56試合、日本シリーズ全5試合）、日本一に貢献した。翌96年、アキレス腱痛に悩まされていた遊撃手・池山隆寛を三塁手にコンバートし、宮本を遊撃にすえた。

宮本の守備は、堅実さもさることながら本当に上手い。バウンドの合わせ方、ゴロさばき、送球までが一連の流れるような動きで、送球のコントロールもいい。一級品だ。ゴロ捕球は、一歩でも前に出ていく。攻撃的な守備は、チームにとって最大の防御だった。

「投手が打ち取った打球を確実にアウトにする。難しいゴロでもファインプレーに見せず、簡単にさりげなくアウトにする。そうすれば投手は自分の球はまだ大丈夫だと自信を持つ。それが思いやりのプレーだと思う」

宮本の守備におけるポリシーだ。

遊撃手の連続無失策記録（463守備機会＝04年～05年当時。12年現在、中日・井端弘和が更新記録保持）。

その後、三塁にコンバートされたが、11年～12年、これまた連続無失策記録（257守備機会）。69年の長嶋茂雄（巨人三塁手214守備機会）に並んだとき、実は公式記録員でさえ記録に気づいておらず、ヤクルト内部の男性記者が公式記録員に超特急での確認を依頼したらしい。神宮球場の記者席は上を下への大騒ぎだったようだ。大記録が埋もれないで本当によかった。

遊撃手で6度、三塁手で4度のゴールデングラブ賞。守備の名手と言わずして何と言おうか。

そして「専守防衛」は撤回する。

宮本が私の60年に及ぶ野球人生で攻守にわたるNO・1遊撃手だ。

五輪（04年アテネ、08年北京）とWBCで主将を務めて日本代表を率いた。さらに、第6代プロ野球選手会会長として全選手をまとめた。

今年（13年）8月26日、宮本は引退の記者会見を行った。その前に、私の自宅まで報告に訪れるという気遣いもしてくれた。

野球のプレーのみならず、周囲の人間を思いやる人格者であることを付け加えておく。

宮本慎也（みやもとしんや）
【遊撃手】
70年11月5日生まれ、
176㎝70㎏、右投げ右打ち
★大阪・PL学園高→同志社大→
プリンスホテル→95年ヤクルト（ドラフト2位）
2058試　2070安　率.283
62本　561点　110盗　104失（12年現在）
●ベストナイン（11年）
ゴールデングラブ賞（遊撃手
97年・99年・00年・01年・
02年・03年、三塁手09年・
10年・11年・12年）。
■01年シーズン最多犠打（67個）、
12年通算2000安打、
オールスターゲーム出場7度、
04年～05年遊撃守備機会連続無失策日本記録
（当時）463、
11年～12年三塁守備機会連続無失策セ記録257
★入団の95年は主に二塁、
96年から遊撃定着、
09年三塁手転向。
遊撃でも三塁でも無失策記録樹立。
03年秋のアテネ五輪予選で
主将を務めたことから
キャプテンシーを注目され始める。
通算2000安打打者で犠打最多、
本塁打最少、大卒・社会人経由での
達成は古田に次ぐ。

門田博光

南海ホークス

Hiromitsu Kadota

不惑の本塁打王

門田博光は、私のプレイング・マネージャー1年目にドラフト2位で入団してきた。高校時代は1本も本塁打を打てず、社会人野球のクラレ岡山に進み、69年ドラフトでは阪急の下位指名（12位）を拒否していた。

入団時は走攻守3拍子そろった外野手だった。2年目の71年、王貞治（巨人）の足を高く上げる「フラミンゴ打法」を参考にして頭角を現し、打点王に輝く（１２９試合、１５２安打の打率・３００、31本塁打、１２０点）。

自分の弱点をバネにして、いい方向に進んだ。身長は１７０センチあるかないか。「大きい人には絶対負けたくない」が口癖。しかし2年目の好成績から、さらにバットをブンブン振り回すようになってしまって、私の忠告にまったく耳を貸そうとしない。

「振り回さんでもミートすれば安打の延長でホームランになる。コンパクトに振れよ」

「嘘だ。監督だって絶対ホームランを狙ってるはずだ」

私は打席に入ったら、欲を捨てる。欲を持ってはいけないと自分に言い聞かせるのだ。狙い球を絞り、それが的中したとしてもあくまでミートに徹し、強く速い打球を打つことを心がけた。決して本塁打は狙っていなかった。

説得がきかず、私はほとほと参ってしまった。たまたまオープン戦で巨人が大阪球場へ来ることになった。そこで打撃練習をしていた王のところへ、門田を連れて行ったのである。

「ワンちゃん（王の愛称）って、ホームラン狙って打ってんの？」

「とんでもないですよ。狙って打てるものなら、もう1000本超えてますよ。ノムさんこそ狙ってんの？」

「いやね、この門田が信用しないんだよ。狙ってないって言ってるのにさ」

王の話を聞いても、門田は納得しないで膨れ面をしている。

「あれだけの選手でも狙ってないって言っとるぞ！　いい加減、信用せえよ」

「監督はずるい。王さんと口裏を合わせてる」

「……。もう勝手にせえ！」

主な打撃記録トップ5

	本塁打	打点	安打
1位	王(巨人)868	王(巨人)2170	張本勲(東映ほか)3085
2位	野村(南海ほか)657	野村(南海ほか)1988	野村(南海ほか)2901
3位	門田(南海ほか)567	門田(南海ほか)1678	王(巨人)2786
4位	山本浩二(広島)536	張本勲(東映ほか)1676	門田(南海ほか)2566
5位	清原和博(西武ほか)525	落合博満(ロッテほか)1564	衣笠祥雄(広島)2543 福本豊(阪急)2543

ああ言えばこう言う。江本孟紀、江夏豊、門田を「南海3悪人」と私は呼んでいた。あのトリオに監督としての忍耐の重要性と選手操縦法を勉強させてもらった。

右だと言えば左と言うのなら、いっそ反対を言ってやろう。

「おい、今日はあんまり振らんやないか。もっとブンブン振らんかい！」

案の定、術中にはまったのである。それからは流し打ちで遊撃手頭上をライナーで越すなど、コンパクトに振るようになった。

しかし私は77年限りで南海を退団する。門田は79年に右アキレス腱を断裂、足に負担をかけまいと、今度こそ三振が増えても「全打席本塁打」を狙わざるをえなくなったようだ。

80年、メジャーにならって背番号を長距離打者の「44」に変更。80年41本、81年44本（本塁打王）、83年背番号を「60」に変え、40本（本塁打王）。

40歳となった88年には全130試合に出場し、打率・311、44本（本塁打王)、125点(打点王)を記録し、「不惑の本塁打王」としてBクラスチームながらMVPに選出された(岩隈久志の項を参照)。42歳31本塁打は、山﨑武司(楽天)が更新するまでの年齢別の記録だった。

それにしても門田は、打撃主要部門で立派な成績を残した。年齢が私のちょうどひとまわり下、同じ時代に同じチームでプレーした選手。感慨深いものがある。

「ベストナイン外野手」の一番手には門田がふさわしい。

門田博光(かどたひろみつ)
【外野手】
48年2月26日生まれ、170㎝81㎏、左投げ左打ち
★奈良・天理高→クラレ岡山→70年南海(ドラフト2位)→89年オリックス→91年ダイエー(～92年)
2571試 2566安 率.289 567本 1678点 51盗 27失
●MVP(88年)、本塁打王(81年・83年・88年)、打点王(71年・88年)、最高出塁率(81年・87年・88年)、ベストナイン(71年・76年・77年・81年・83年・88年・89年)
■06年野球殿堂入り、オールスターゲーム出場14度、80年カムバック賞
★プロ2年目に打点王。79年右アキレス腱を断裂、「足に負担がかからないように」と小さな体で右足を大きく上げ、フルスイングに徹した。88年全130試合出場で打率3割、44本、125点の2冠。優勝は西武だったが、「不惑」のMVP。通算本塁打は王、野村に次ぐ。

鉄平

東北楽天ゴールデンイーグルス

Teppei

楽天初の日本人首位打者

セ・パ交流戦でナゴヤドームに行くと、試合前、いつも中日マネージャーがベンチ裏の通路を通って呼びに来た。

「野村監督、手前どもの落合（博満監督）がお会いしたいと申しておりますが……」

落合は、私以外、誰とも野球談義をしないらしい。

「だって野球の話、わかるやついないもん。ノムさんだけでしょ、野球の話ができるの」

落合は、何か持っている。ツキとか運とか。それに話していると、発想が実にユニークだ。打撃の技術に始まり采配に至るまで、野球のあらゆることについて2人で野球談義をする。行き着く先はいつも監督の仕事について。

攻撃面では得点圏にいかに走者を進めるか。1点取るのにどういう作戦をとったら確率が高いか。何も犠牲バントで相手にアウトを1つ簡単にやることはない。盗塁できるのが一番いい。だから盗塁、ヒットエンドラン、バントの順。送ってしまえば、そこからあとはもう選手に任せる。打撃には多くを期待しすぎてはいけない。

守備面での仕事はやはり継投。これが一番難しい。「三冠王対談」でも、やはり野球で勝つには守りだという結論に達する。とにかく0点で抑えることに全精力を注ぎ込む。0点で抑えれば、少なくとも負けはしない。要するに「守って攻める」ということだ。私と落合は野球観が似ている。

ただ、今年（13年）6月にノーヒットノーランを達成した山井大介（中日）を、07年日本シリーズで8回まで完全試合だったのに交代させた継投だけはいまだに解せないが……。

さて、鉄平（土谷鉄平）の出身の津久見高と言えば、大分県で文武両道を掲げる学校として有名だ。古くは高橋直樹（東映・日拓・日本ハム→広島→西武→巨人＝68年〜86年、通算169勝）、大田卓司（西鉄・太平洋・クラウン・西武＝69年〜86年、通算923安打171本塁打）、少し前では川崎憲次郎（ヤクルト→中日＝89年〜04年、通算88勝）がいた。

鉄平は遠投110メートル、50メートル走5秒9（高校通算32本塁打）。

「落合、なんであんな好素材の選手を放出したんや？」

鉄平は、プロ入り時、中日では遊撃手だったそうだ。

中日は04年に落合が監督就任、以来11年までの8年間にリーグ優勝4度。

当時の内野陣は遊撃手・井端弘和（ゴールデングラブ賞7度、ベストナイン5度）をはじめ、二塁手・荒木雅博、三塁手・立浪和義、外野手も福留孝介、井上一樹、もう1人は外国人選手で固定されつつあった。代打では森野将彦が台頭するなど、鉄平と同じ左の好打者も多かった。

落合は自らも移籍が多かった経験からトレード賛成論者であり、出番の少ない選手の出場機会を増やすため、球団創設2年目の楽天に鉄平を金銭トレードしたということらしい。

06年、セ・パ交流戦の中日戦で鉄平が意地の1試合4安打を放ち、落合監督に「お前をトレードに出した甲斐があった」と言わしめた。

その06年に打率3割でブレイク（・303はパ・リーグ9位）。その後、09年には首位打者を獲得するまでに成長する（132試合、162安打の打率・327、12本塁打、76打点、13盗塁。13三塁打＝パ・リーグ1位。翌10年打率・318は6位）。

08年にリック・ショート外野手が首位打者になっていたが、楽天日本人選手では初の首位打者だ。

私は鉄平を「安物の張本勲」と呼んでいた。張本（日本歴代1位の通算3085安打）の域にはまだまだ遠く及ばないが、今後どう自分の打撃を確立していくか興味深いところではある。

鉄平（てっぺい）
【外野手】
82年12月27日生まれ、
178cm78kg、右投げ左打ち
★大分・津久見高→
01年中日（ドラフト5位）→
06年楽天（12年現在）
885試　820安　率.282
40本　323点　65盗　20失
●首位打者(09年)、ベストナイン(09年)
■オールスターゲーム出場2度
★中日・落合監督が出場機会を与えるために
金銭トレードで楽天に譲渡。
06年就任の野村監督に見出され、
交流戦の中日戦で1試合4安打。
初めてレギュラーに定着し、
そのシーズン打率3割。
楽天移籍4年目に首位打者のタイトルを獲得。
苗字は土谷。

広瀬叔功

南海ホークス

Yoshinori Hirose

天才の盗塁

私は「本当の天才」という人間を、生まれてこのかた3人しか見たことがない。長嶋茂雄（巨人）、イチロー（オリックスほか）、そしてこの広瀬叔功だ。

「私の教え子」などと言うのはおこがましいが、私のプレイング・マネージャー時代の選手であるし、また**この広瀬をベストナインの選から洩らすわけにはいかない。**

広瀬は私の1歳下でテスト生、投手として入団してきたが、高校出1年目にヒジを痛めて遊撃手に転向した。

2年目の56年はプロ初打席から7打席連続安打。ただ、長い間一緒に過ごしたが、グラウンド外での努力、たとえば合宿でバットの素振りをしているところなど1度も見たことがなかった。天才なのだ。

広瀬は強肩で、木塚忠助さんの後継の遊撃手にと将来を嘱望されたが、送球に難があり（58年42

失策）、61年から外野手に再転向した。俊足を生かした広い守備範囲で、何か記録をつくったのではないか（63年外野手シーズン最多守備機会353）。

64年の打率・366は、85年に落合博満（ロッテ）に抜かれるまで、長きにわたり右打者の最高打率だった。

とにかく全身これバネ。飯田哲也（ヤクルト）も凄かったが格が違う。当時、合宿では麻雀が盛んだった。ある日、中百舌鳥《なかもず》球場で練習が始まる前、その月の集計係をやっていた長谷川繁雄外野手が提案した。

「ジャンプして、手を使わずに外野フェンスの上にポンと腰掛けられたら、麻雀でたまっている晩メシ代のツケをチャラにしよう」

背伸びしてやっと手が届くぐらいの高さで、普通に考えたら不可能だ。それを広瀬はやってのけたのである。拍手喝采。あれは凄かった。語り草になっているほど強いバネの持ち主だ。広島県大会の走り幅跳びや走り高跳びの1位を総ナメにしたという自慢話も、あながち嘘ではないだろう。いや納得だ。

当然、足の速さも傑出していた。「足が速くてチョロチョロしているから」と、鶴岡一人監督が付けたあだ名が「チョロ」。陸上選手みたいに綺麗なさっそうとしたフォームではない。むしろどう見ても「アチャコ走り」（漫才コンビの横山エンタツ・花菱アチャコのアチャコの走り方）なのだが、とにかく速い。

大きなリードを取り、スタートや中間疾走の瞬発力が抜きん出ていた。三塁走者になれば、内野手がバックホームに備えて前進守備をしいているのに、投手ゴロで本塁をいとも簡単に陥れた。64年72盗塁でパ・リーグ初の4年連続最多盗塁。あまりに広瀬が走るものだから、日本野球機構が「盗塁王」を新たにパ・リーグの表彰項目にしたと聞いたことがある。

通算盗塁数は福本豊（阪急）に次ぐ歴代2位なのだが、福本は記録のために走っていたようなところもあった。「俺はああいうことはせん」と広瀬は言っていた。広瀬には盗塁哲学があったのだ。

「僅差の場面で走る」

「チームの勝負に絡まない盗塁はしない」

といつも言っていた。しかも抜群の盗塁成功率を誇った。

基本的に、盗塁にベンチからのサインは不要だ。私は盗塁のサインをつくったことがない。「ここは走るな」というストップのサインだけ。いいスタートが切れたらいつでも行っていい。

盗塁とは盗むものだ。盗めないのに、いいスタートを切れないのに、そのまま走ってもアウトになるに決まっている。私は捕手で盗塁を阻止する立場だったからわかる。広瀬はそのへんの見極めもすぐれていた。

【盗塁王獲得時の盗塁個数と（ ）内は失敗数】
・広瀬＝通算５９６盗塁（失敗１２３。成功率・８２９）
61年42個（6）、62年50個（9）、63年45個（7）、64年72個（9）、65年39個（8）
・福本＝通算１０６５盗塁（失敗２９９。成功率・７８１）
78年70個（21）、79年60個（24）、80年54個（20）、81年54個（15）、82年54個（20）

福本は13年連続盗塁王の反面、失敗も多かった（78年から5年連続最多失敗）。その福本は広瀬のことを「自分にとって神様みたいな存在」と語っていた。
私が南海を退団した77年を最後に、広瀬も現役のユニフォームを脱いだ。翌78年から監督を3年間任されたのだが、私のほか、江夏豊が広島に、柏原純一が日本ハムへと移籍した。主力の抜けた広瀬・南海が最下位・5位・最下位と低迷することになったのは気の毒だった。

広瀬叔功（ひろせよしのり）
【外野手】
36年8月27日生まれ、
176㎝72㎏、右投げ右打ち
★広島・大竹高→55年南海(〜77年)
2190試　2157安　率.282
131本　705点　596盗　213失
●首位打者（64年）、盗塁王（61年・
62年・63年・64年・65年）、
最多安打（63年）、
ベストナイン（63年・64年・65年）、
ダイヤモンドグラブ賞(72年)
■99年野球殿堂入り、
オールスターゲーム出場9度
★投手でテスト入団、遊撃手を経て外野手。
史上2位の596盗塁で失敗123、
.829という高い成功率を誇った。
64年打率.366は、
85年落合博満（ロッテ）に抜かれるまで右打者最高。
63年外野手守備機会353、
日本記録の広い守備範囲。
78年〜80年南海監督。

飯田哲也

ヤクルトスワローズ

Tetsuya Iida

世紀のバックホーム

私がヤクルト監督時代、あらゆる改革を進めていく上で飯田哲也は大功労者だった。

ＩＤ野球のＩＤとはデータ収集・活用の英略語なのだが（正確にはＩｍｐｏｒｔａｎｔ　Ｄａｔａであり、Ｉｍｐｏｒｔａｎｔ　Ｄａｔａではない）、ＩＩＤＡの略だなんて言うマスコミもあったくらいだ。

そして「野村再生工場」とよく言われるが、その手段として具体的にはトレードとコンバートがある。

ヤクルト監督就任1年目、90年のユマキャンプ、チームの重要テーマは「捕手の固定」と「俊足選手の登用」だった。

89年に捕手で22試合に出場した飯田は「捕手」としてユマキャンプに参加していた。

正捕手になる古田敦也が入団した年でもあった。

「飯田、お前は俊足やが、もともと捕手なのか？　捕手が好きか？」

「肩を生かして高2のときから守り始めました。同学年でやる人がいませんでしたので」

「俊足は親からもらった財産や。捕手をやると必ず足が遅くなる。立ったり座ったり屈伸運動を繰り返すからや。かく言うオレもプロ入り当初は俊足やった。捕手が好きじゃなきゃ、そのミットをオレが買ってやる」

「……」

「2個で4万円でどうや。その代金で内野手用のグラブを買ったらいい」

90年4月のある試合、前年度に32盗塁をマークした新人王・笘篠賢治二塁手が2三振。その代打に飯田を送ったら本塁打、そのまま二塁のポジションにつかせた。

結局、シーズン100試合以上に出て、いきなり29盗塁（92年には27連続盗塁成功のセ・リーグ記録を含む33個で盗塁王）。

翌91年、外国人担当のスカウトには「外野手の長距離打者を獲ってくれ」と頼んでおいたのだが、ジョニー・レイ二塁手が入団する。メジャー10年通算1500安打、オールスター二塁手でもあるレイは二塁のポジションに固執した。

仕方なく飯田を中堅に再コンバートした。すると、この年から外野手7年連続ゴールデングラブ賞を獲得（セ・リーグでは広島・山本浩二の外野手10年連続に次ぐ）。つまり「名手・飯田の誕生」

は、レイのこだわりによる言わば偶然の産物。ケガの功名だったわけだ。

平成以降、ここ四半世紀、平野謙（中日→西武→ロッテ）、北村照文（阪神→西武→中日）、秋山幸二（西武→ダイエー）、新庄剛志（阪神→メジャー→日本ハム）など、名外野手の名前があげられるが、外野守備では飯田が間違いなくNO・1だ。それは比較にならないほどで、他の追随を許さない。

俊足を生かした広い守備範囲で強肩。捕手出身だから、打球を捕ってから後ろ（テークバック）が小さく、投げるまでが実に早い。助走はワンステップ。そして送球は「強く、速く、正確に」だ。特にコントロールが図抜けていた。

今でもあのアウトを鮮明に覚えている。93年日本シリーズ第4戦、1対0とリードした8回表二死一・二塁。打者・鈴木健の中堅前安打を捕るやバックホーム、捕手・古田にダイレクトのストライク返球で二塁走者・笘篠誠治を刺した。

その距離約70メートル。同点は覚悟していたが、西武に傾きかけていた流れを引き戻し3勝1敗、ヤクルト日本一の呼び水となった瞬間だ。

前年まで日本シリーズ8勝1敗の王者・西武の牙城を崩した（1敗は85年阪神日本一のとき）。

球界の勢力地図を塗り替えたバックホームだった。

守備範囲が広いから飛球を捕る「刺殺数」は多いが、送球で走者を刺す「補殺数」は意外と少ないのではないか。なぜならスコアリングポジションに走者がいて、中堅・飯田に打球が飛ぶと、ほとんどの走者が本塁を狙わずに三塁でストップしてしまう。

だから、飯田は故意に捕球までのスタートを遅らせた。走者を油断させ本塁に向かわせて、刺す。そのくらい自らの返球に自信と余裕があった。

「平成版・塀際の魔術師」でもあった。狭い神宮球場は本塁打が出過ぎると言われて、フェンスを高くして金網を付けたが、「見せ場が減る」と言ってとても怒っていた。いつもフェンスに駆け上がるような練習をしていたから。

山森雅文（阪急）、最近なら天谷宗一郎、赤松真人（いずれも広島）らがフェンスによじ登って飛球を捕球する超美技を見せている。だが、打球が手の届く範囲に来なかっただけで、飯田は何度もあんなプレーの準備をしている。

「野村が選ぶベストナイン」。各ポジションひとりずつだが、**センターは特別にもう一人、飯田も選ばせてもらう。**

97年ペナントレース終盤、帰塁時に手から戻って左肩を骨折。98年は一塁ヘッドスライディングで左手小指骨折。02年は左ヒザを痛めた。以後、出場機会と盗塁数は減少。05年に新設・楽天に移籍。06年に楽天監督に就任した私と1年だけ師弟コンビを復活させ、通算20年のユニフォーム生活に別れを告げた。

そのまま楽天コーチになる予定だったらしいが、しかし飯田はやはり「ヤクルトの顔」だった選手。ヤクルト関係者に「飯田を戻したらどうだろう」という話をした。

07年ヤクルトコーチ就任。現役時代の若い頃は天性のプレーも多かったが、指導者になってからは分厚いシステム手帳をいつも片手にして書き込んでいた。

09年、高校時代からの同学年ライバル・土橋勝征が三塁ベースコーチ、飯田が一塁ベースコーチについた。古くからのヤクルトファンにはたまらない光景だったらしい。

飯田哲也（いいだてつや）
【外野手】
68年5月18日生まれ、
173㎝80㎏、右投げ右打ち
★千葉・拓大紅陵高→
87年ヤクルト（ドラフト4位）→
05年楽天（～06年）
1505試　1248安　率.273
48本　363点　234盗　34失
●盗塁王（92年）、ベストナイン（92年）、
ゴールデングラブ賞（91年・92年・93年・
94年・95年・96年・97年）
■オールスターゲーム出場2度
★俊足、小柄ながら強肩。
高卒時は中嶋聡（鷹巣農林高→阪急3位）、
青柳進（西日本短大附高→ロッテ3位）と
並ぶ捕手として注目を集めた。
野性的な身体能力を生かし、
日本を代表する外野手になった。
02年左ヒザ痛以降、出場減少。
ケガに泣かされることが多いのは残念だった。

新庄剛志

阪神タイガース

Tsuyoshi Shinjo

「宇宙人」のレーザービーム

新庄剛志は、私がヤクルト時代、阪神時代、楽天時代に敵味方の両方で接している。

まずヤクルト時代。2年連続最下位だった阪神が92年に一躍、優勝争いに加わってきた。その躍進、台頭のシンボル的存在が新庄だった。

遊撃や三塁を守ることもあったが、「中堅・新庄、右翼・亀山努」が多かった。第一印象は「打撃以外は一流」。つまり肩と足は傑出していたし、特に肩は「バカ肩」「レーザービーム」と言って過言でないほどの強肩だった。

ただ、いかんせんバックホーム時のコントロールがよくない。送球は強いが、正確さに欠けた。それでもハツラツとした、思い切りのいいプレーだった。

99年、私は阪神監督に就任。新庄は人気抜群で、よきにつけあしきにつけマスコミやファンの耳目を集めた。そんな新庄に、私は前年秋季キャンプから「投打二刀流」を提案した。捕手のリードを打撃に生かすのと同様に、投手心理を打撃に生かして打者としてひと皮むけさせるのが狙いだったのだ。

とはいえ、正直なところ一番の狙いは、気分よくプレーさせるということだった。性格的に管理、強制、理づめで動かそうとして動くタイプではない。本人の好きなように自由にやらせた方が責任感を持つようになるだろうと考えたのである。結果は成功である。

あの強肩だから、慣れれば150キロをほうれただろう。ただ、マウンドの傾斜で左ヒザを痛めたこともあって、「投手・新庄」はオープン戦までで終了となった。

この年、槙原寛己（巨人）から敬遠球をサヨナラ打したことがあった。このへんは、正直、つかみどころのない性格で、私が新庄を「宇宙人」と表現したゆえんである。

翌00年は開幕から四番にすえた。「地位が人を育てる」とはよく言ったもので、人はその役にふさわしい人物になろうと努力するものだ。結果、その年の新庄は打率・278、28本塁打、85打点と、3部門で自己最高、チーム三冠王の数字をマークした。

しかしFA権を取得した新庄は、01年から日本人野手初のメジャー入りを果たす（オリックス・イチローも01年からマリナーズに）。02年は日本人初のワールドシリーズを経験。そして04年日本ハム入りし、SHINJOとなる。

私は06年から楽天監督を務めるが、その06年が新庄の現役最終年だった。その前年、05年オフ、ゴールデングラブ賞を受賞した新庄は、複雑な胸中をマスコミに吐露した。

「今年の自分の受賞はおかしい。ゴールデングラブ賞をめざしてやってきた他の選手に対して申し訳ない」

換言すれば、それだけ守備に関しては自信があり、その年の成績は不本意だったのだろう（04年122試合、272刺殺、8補殺→05年106試合、212刺殺、3補殺。＝刺殺は打球を捕ってアウトにすること、補殺は送球でアウトにすること）。

06年は左翼・森本稀哲、中堅・新庄、右翼・稲葉篤紀、日本ハムの外野手が3人ともゴールデングラブ賞を獲得。鉄壁の外野陣だった（同一チーム外野手の3人受賞は、78年阪急の左翼・蓑田浩二、中堅・福本豊、右翼バーニー・ウイリアムス以来2度目）。

日本シリーズ、左中間に飛んだ最後の飛球を左翼・森本がつかみ日本一。そのまま新庄と抱き合った。日本一のウイニングボールが新庄の近くに飛び、野球人生の有終の美を飾ったのは、いかにも注目を集める星の下に生まれた新庄らしかった。

日米通算1524安打、225本塁打は、「打撃以外は一流」の印象からしたら、まずまずの数字だ。「一流の守備」でゴールデングラブ賞はかなり獲ったのではないか（阪急・福本豊12度、西武↓ダイエー・秋山幸二11度に次ぎ、広島・山本浩二らとともに10度で外野手歴代3位タイ）。
「人づかい」には、〝人を見て法を説け〟という原則論があるが、何度も言うように新庄は「理づめで動かす」「強制して動かす」といった操縦法は通用しなかった。おだてて木に登らせるがごとく、彼の場合は「気分よくやらせる」という操縦法でうまくいった例である。

新庄剛志（しんじょうつよし）
【外野手】
72年1月28日生まれ、
181㎝76㎏、右投げ右打ち
★福岡・西日本短大附高→
90年阪神（ドラフト5位）→
01年メジャー→
04年日本ハム（～06年）
1411試　1309安　率.254
205本　716点　73盗　50失
●ベストナイン（93年・00年・04年）、
ゴールデングラブ賞（93年・94年・
96年・97年・98年・99年・
00年・04年・05年・06年）
■オールスターゲーム出場7度
★92年亀山努との右中間コンビで大人気。
21歳で四番スタメンは阪神最年少。
敬遠球をサヨナラ安打、オールスターで
本塁盗塁など、「野球を楽しむ」がモットー。
06年森本・稲葉と鉄壁外野陣を形成、
日本一を最後に引退。
メジャー215安打。
日本ハム時代の登録名はSHINJO。

赤星憲広

阪神タイガース

Norihiro Akahoshi

野球人本能のダイブ

赤星憲広と出会ったのも縁だと思う。赤星は社会人野球のJR東日本時代、00年シドニー五輪の強化指定選手として、私が監督を務めていた阪神キャンプに参加した。

当時、阪神で最も俊足の高波文一外野手と50メートルを競走させたら、なんと高波が全くかなわないではないか。「いい足だ」。その第一印象が脳裏にこびりついていた。赤星はシドニー五輪に出場、その年のドラフト会議のことだ。

「あの赤星っていう足の速い選手、リストに入れてないのか」

「ダメでしょう。足だけですよ。体も小さくて、打撃も非力です」

「同点の9回、サヨナラの走者が出た。代走・赤星。そんな感じで使う。獲ってくれ」

中堅を守っていた新庄剛志がFAでメジャーに移籍するのも、赤星にとって幸運だった。

プロ1年目のキャンプ。打撃を見たら、そんなに気になるほどわるいとは思わない。むしろ素直なスイングをしている。

「とにかく三遊間にゴロを転がして走れ。そしてバントの名手をめざせ」

「内角は逃げずに死球で出塁率を上げろ」
「出塁率と盗塁で1億円プレーヤーをめざせ」

そんなことを口酸っぱく言った。

開幕直後、左投手からのセーフティー・バントがプロ初安打（巨人・柏田貴史）、そのあとの広島戦でプロ初盗塁も決めた（鶴田泰投手―西山秀二捕手）。

ベンチでは私の近くに座り、野球を学ぼうという意欲を強く感じた。考えて練習に臨み、正しい方向の努力に励むタイプ。試合に使ってみようという気にさせる選手だった。

1年目の01年、すぐに中堅のポジションを獲り（128試合128安打の打率・292、1本塁打、23打点、39盗塁）、新人にして盗塁王（56年吉田義男以来の阪神盗塁王）に輝き、新人王にも選出された。以降、セ・リーグ初の5年連続盗塁王だ。

私が楽天監督時代、阪神と対戦。バッテリーに指示を出し、一塁走者となった赤星に計5度以上の牽制球をほうらせた。それだけ赤星の足を警戒したのである。

赤星は内角打ちも上手くなっていた。投球を体の近くまで呼び込み、体の回転でバットをボールにぶつけるように打つ。9年間の現役生活で5度の打率3割をマークしたのには驚いた。

肩そのものはそんなに強くないが、あの俊足を生かしての広い守備範囲、助走をつけてのバックホーム。6度のゴールデングラブ賞獲得もうなずける堅守である（03年233刺殺＋10補殺＋0失策＝守備率10割はセ・リーグ記録）。

しかし、03年頃からダイビングキャッチが原因で「椎間板ヘルニアによる脊髄損傷」、体のしびれに悩まされたそうだ。07年から医者に「ダイビング禁止令」の注意を促されていた。

にもかかわらず、09年9月甲子園球場、内川聖一（当時・横浜）の打球にダイビングキャッチを試みた。その際、脊髄を強く損傷、動けなくなり背負われてグラウンドから退場した。

プロ野球選手としての回復は、すでにいかんともしがたかったらしい。しかし、あの小さな体でよくやったと褒めてやりたい。

09年12月引退記者会見。

「今も夢にあの場面が出てくる。野球選手の本能として飛び込んだことに悔いはない。でも、もう少しで捕れていたのに……、と考えてしまう。今度やったら命の保証はないと医者に言われた。自分にそこまでの度胸がなく、引退を決意するに至った」

野球を愛し、「グラウンドで死ねたら本望」とみんなたとえでは言うものの、現実としてそんな場面に直面したらどうだろう。

阪神好きとは言えないが、全力プレーの赤星には密かに好感を抱いていた東京在住のプロ野球記者がいる。その会見をテレビのスポーツニュースで見ていた。

涙があふれて止まらなかったと言っていた。

赤星憲広（あかほしのりひろ）
【外野手】
76年4月10日生まれ、
170㎝66㎏、右投げ左打ち
★愛知・大府高→亜細亜大→JR東日本→
01年阪神（ドラフト4位〜09年）
1127試　1276安　率.295
3本　215点　381盗　18失
●盗塁王（01年・02年・03年・
04年・05年）、
ベストナイン（03年・05年）、
新人王（01年）、
ゴールデングラブ賞（01年・03年・04年・
05年・06年・08年）
■オールスターゲーム出場3度
★新人で盗塁王。5年連続盗塁王は
セ・リーグ記録。打率3割5度、
リードオフマンとして03年・05年の優勝に貢献。
一方、守備でよく試みたダイビングキャッチが
原因で頚部の椎間板ヘルニアを患う。
03年頃から発症し、
最終的に引退を余儀なくされたのは惜しまれる。

新井宏昌

南海ホークス

Hiromasa Arai

最多安打。イチローの育ての親

ＰＬ学園高、法政大と野球の名門校を歩んで来ただけあって、新井宏昌は、体の線は細いが、三振が少ないシュアな打撃は入団時からひときわ目を引いた。

１年目に規定打席不足ながら打率３割超え（57安打の打率・３０３）。２年目・３年目にレギュラー格で起用すると、しっかりと安打を積み重ねながら、規定打席に到達した（２年目の76年は１１０安打の・２７１）。

その打撃センスで、79年は・３５８で加藤英司（阪急）に次ぐ打率2位（１３９安打）。

86年に抑えの山口哲治とのトレードで近鉄移籍。遅咲きの選手で、87年には・３６６の高打率で首位打者に輝く。その年の１８４安打は当時１３０試合制のシーズン最多安打だったはずだ。

宮本慎也（ヤクルト）同様、犠打が多く（通算３００個）本塁打は少なかったが、通算２０００本安打を達成したのはたいしたものだ。

「人生まさに縁だなあ」。新井はちょっとした縁で獲得したのである。シーズンオフ、東京六大学野球をたまたまテレビで見ていて「いい打撃センスしとるなあ」という印象だった。ところが、スカウトのリストに新井の名前がない。そこで強引にドラフト会議で指名した選手である。

引退後は近鉄時代の仰木彬監督に請われ、94年からオリックス打撃コーチに就任。彗星のごとく現れたイチローがプロ3年目の94年に・385の高打率で首位打者、130試合210安打の日本最多安打をマークしたのも、新井の打撃指導の賜物であろう。

95年の日本シリーズではヤクルト監督と、オリックス打撃コーチという間柄で再会を果たした。

新井はその後、01年までオリックス、03年からダイエー、05年からオリックス、07年からソフトバンク、10年からオリックス、13年から広島と打撃コーチを歴任。

パ・リーグ一筋だったが、セ・リーグでどんな好打者を育成するか。楽しみである。

新井宏昌（あらいひろまさ）
【外野手】
52年4月26日生まれ、
174㎝69㎏、右投げ左打ち
★大阪・PL学園高→法政大→
75年南海（ドラフト2位）→
86年近鉄（～92年）
2076試　2038安　率.291
88本　680点　165盗　34失
●首位打者（87年）、
最多安打（87年）、
ベストナイン（79年・82年・
86年・87年）、
ゴールデングラブ賞（87年）
■オールスターゲーム出場4度
★高校卒業時、近鉄のドラフト
9位指名を見送る。
79年に加藤英司（阪急）に次ぐ
打率2位。
86年山口哲治とトレード。
三振が少なく、
シーズン最少三振が6度、
通算18年で計422個。
犠打は通算300。外野手最多
連続守備機会無失策321（83年）。

稲葉篤紀

ヤクルトスワローズ

Atsunori Inaba

運命の一発、努力の守備

宿命は変えられないが、運命は変えられる。縁は大事だ。稲葉篤紀と出会ったのも運命だし、縁だった。

当時、大学3年生だった息子（野村克則＝ヤクルトほか）に自宅で言われた。

「たまには試合見に来てよ」

「じゃ、今日行くわ」

94年神宮球場、明治大と法政大の東京六大学リーグ戦。私は勝ち負けは度外視し、この年の補強ポイントが即戦力の打者だったこともあり、スカウトのつもりで選手探しに躍起になっていた。すると私の目の前で、法大の四番打者がスタンドにアーチを架けた。それこそが稲葉であった。

ヤクルトの左打ち外野手の秦真司、荒井幸雄がベテランにさしかかっていた時期、その年の補強ポイントは即戦力の左打者。「この選手ええやないか」と感じた。

次の試合を見に行ったら、その法大の四番がまたもや本塁打を放った。

「4年生だというし、もう10本近く本塁打を打っているのかな」と記者に聞けば、通算3本だという。そのうちの2本を見ているのだから、「何かの縁」を感じるのも当然だ。

迎えた94年11月のドラフト会議の席上。指名候補選手をあらかじめ決めておいても、他球団と指名が重複したりするので、実際に指名する選手はスカウトと相談しながら微調整していくもの。

ドラフト1位が北川哲也投手（暁星国際高→日産自動車）、2位が右打ちの宮本慎也内野手（PL学園高→同志社大→プリンスホテル）。

「法大の四番に、左打者がおったやろ」

「稲葉ですか。一塁手にしては長打力が物足りない」

「じゃ外野で使えばいいやないか」

「外野を守っているのは見たことがありません」

「まあ、いいから獲ってくれんか」

「事前の挨拶にも行ってませんし、強引に指名したら……」

「本人に拒否されたら、オレが頭を下げに行くから」

後日、入団発表の席で稲葉に聞いた。

「稲葉、お前、ウチ以外にどこかのスカウトが来てたのか」

「いえ、どこも来てません」

「指名して迷惑だったかな」

「とんでもありません。プロに入りたかったので嬉しいです！」

「一塁には阪神からオマリーが移籍してくる。キャンプまでに外野手用のグラブを用意して持って来い」

95年、開幕後しばらくして一軍に上げたら、初打席本塁打だ（6月21日、広島・紀藤真琴投手から）。一軍定着の運命の一発。やはり縁があったのだ。以後、新人ながら右翼・二番打者に起用していくことになる。

技術うんぬんより、大変な努力家だった。当時のヤクルトには「努力家三羽ガラス」ならぬ、「努力家三羽ツバメ」がいた。真中満、宮本、稲葉。

稲葉の外野守備は、経験を積んで上手くなっていった。守備は誰でも練習と努力次第で上手くなるのだ。試合前のチームの打撃練習中、右翼の守備位置でいつも打球を追っていたし、送球練習もクッションボールの方向確認にも余念がなかった。

試合では、肩自体は強くない分、捕ってからの返球が正確で素早かった。ファウルエリアにも邪飛を一生懸命追って行ったし、ベンチとの往復はいつも全力疾走。

95年ペナントレースの巨人戦、東京ドームでテリー・ブロスがノーヒットノーランを達成したのだが、稲葉が超美技でアシストしている（9月9日、8回二死、川相昌弘の右翼への飛球をダイビングキャッチ）。

打つほうは2年目に打率3割、3年目に20本塁打と順風満帆。私は技術的な指導は一切していない。悩んで自分で考えてやるのが一番いい。人から言われてやるようではダメだ。誰しもうまくいかないと指導者のせいにするものだ。責任感、使命感が人間を伸ばすわけだから「何事も事前に準備をしておくように」とだけアドバイスした。

ただ97年日本シリーズ、森慎二（西武）のフォークボールに三振し、「追い込まれたらフォークを少しマークしながら、まっすぐについていくことを覚えるように」と強く言い伝えた。

97年と98年のオフ、稲葉は2年連続で左ヒジを手術。ギプスのような器具でヒジを保護するなど、故障に悩まされ不振をかこった。

それでも01年に復活、稲葉は三番打者で好成績をあげ、ヤクルトの優勝に貢献した（138試合、164安打の打率・311、25本塁打、90打点）。

05年FAでの日本ハム移籍がさらなる転機になった。06年クライマックスシリーズ・ファイナルステージでは1対0のサヨナラ安打を放ち、豪腕・斉藤和巳（ソフトバンク）をマウンドにひざまずかせた。

06年から09年まで外野手でゴールデングラブ賞。日本シリーズで左翼・森本稀哲、中堅・新庄剛志、右翼・稲葉と並ぶ外野陣は、水をも洩らさぬ鉄壁の守備だった。正確な送球も評価したい。

右翼手トップの選手として、私は稲葉を選ぶ。

07年に首位打者、12年に通算2000本安打の偉業を達成した。ヤクルト（972安打）と日本ハムでそれぞれ1000本ずつくらい。

ヤクルト時代はストレートに滅法強かったが、移籍後は変化球、それもカーブ打ちをかなり得意にするようになった。入団当時苦手だった、左打者の弱点になりがちな内角打ちも今や球界屈指。内角に強ければ、相手は外角中心の配球になる。外角を打とうとすれば体が開かず、打撃フォームもよくなる好循環。選手寿命を長くするための条件だ。

偉業達成後、本人いわく「移籍後、打席で構えたとき、トップの位置を最初から捕手方向に引き、少しオープンスタンス気味にフォーム改造したのがよかった」と技術的要因を語っていた。

プロ入り同期、親友の宮本は「稲葉は超が付く真面目人間。日本ハムに移籍して、いい意味で新庄のアバウトさに接し、気分転換がうまくなったのではないか」とメンタル面を分析していた。

稲葉は所属したチームの監督をすべて胴上げした「優勝請負人」だ。日本ハムではトレイ・ヒルマン（06年・07年）に始まり、梨田昌孝（09年）、栗山英樹（12年）、ヤクルト時代は若松勉（01年）、さかのぼって私（95年・97年）だ。指揮官を7度も勝利の美酒に酔わせている。

稲葉の活躍がチームを好成績に導いている。名は体を表すというように、篤実な性格だ。稲葉が打席に入る際にファンが飛び跳ねる「稲葉ジャンプ」。稲葉がファンに愛されていることを如実に物語っているではないか。

稲葉篤紀（いなばあつのり）
【外野手】
72年8月3日生まれ、
185cm 94kg、左投げ左打ち
★愛知・中京高→法政大→
95年ヤクルト（ドラフト3位）→
05年日本ハム（12年現在）
2078試　2096安　率.290　255本
1014点　74盗　46失
●首位打者（07年）、最多安打（07年）、
ベストナイン（01年・06年・07年・
08年・09年）、
ゴールデングラブ賞（外野06年・
07年・08年・09年、一塁12年）
■95年初打席本塁打、03年サイクルヒット、
12年通算2000安打、
オールスターゲーム出場8度
★ヤクルトで972安打を放ち、日本ハム移籍。
野村、若松、ヒルマン、梨田、栗山と、
仕えた監督をすべて胴上げした優勝請負人。
外野手最多補殺のシーズンが3度。
捕ってから投げるのが早い。攻守交代は常に全力疾走。
稲葉が打席に入ると、
観客席で「稲葉ジャンプ」が起きる。

●再生・投手

江本孟紀

南海ホークス

Takenori Emoto

南海優勝の胴上げ投手

現場を預かる監督は、球団フロントから「この戦力でやってくれ」と言われたら、文句を言えない。与えられた戦力で、やりくりするしかない。

いい選手を獲ってくるのは基本的にアマチュア球界からだ。よその球団に目を向けても、いい選手を出すわけがない。日本のトレードは、そこが遅れている。

日本人気質で「もし、この選手を出して他球団で活躍されたら、周囲から何を言われるか」という意識が改革の邪魔をしている。米国ではエースや四番打者を平気でトレードに出し、チームのどこをどう変えたら強くなるかを考えるのに。

となれば、捨てられたものを拾ってくるしかない。「使わないのならください」と。それを少し修理してやる。どういうふうにしたらプロで働けるようになるか、そんなことばかり私はずっと考えていた。

例えば、会社などで「あいつ、よくなったなあ」と上司の人が言う。変わったからよくなったということだ。よくなるためには変わることなのだ。

確かに変わる勇気はなかなか持てないもの。しかし、それまで7勝～10勝の投手が少し変わるだけで15勝～20勝は十分できる。打率2割7分を3～4年続けた打者が少し変われば3割に届くことだって可能だ。

ところが、変わることによってもし今より悪くなったらというマイナス思考はどうしても働いてしまう。今でもそこそこできているのだから、敢えて変わって失敗する必要はないと考えがちになる。そこで「変わる勇気」が問われるのだ。

おかげさまで「野村再生工場」という評価を頂戴している。ほんのちょっとしたことで人間は随分と変わるものだ。「進歩とは変わること」「変わることが進歩」なのだ。それを気づかせてあげるのが、口はばったく言えば「野村再生工場」だ。

71年オフ、江本孟紀の移籍は、降って湧いたような話だった。田宮謙次郎（東映フライヤーズ）さんからある朝、電話がかかってきた。

「野村君、お宅に高橋博士っていう、君の控え捕手がいるよね。あの捕手、譲ってくれないかね。君がいたらどうせ試合に出られないだろう」

「実は本人のためにも出してやったほうがいいと考えていたんです」

「誰と換える？　投手が欲しいなら宮崎昭二（現役14年間で通算38勝。67年には12勝）とか、どうかな」

「う〜ん、2日〜3日、考えさせてもらえませんかね」

実は私の頭には、すでに江本の姿が浮かんでいた。敗戦処理で登板した新人を見ていて、面白い投手だなと思っていた。投手らしい体型、あの背丈と手足の長さが魅力だった。

ただ、即答すると田宮さんが「そんなにいい投手なら、もうちょっと自分のチームで投げさせてみよう」と渋ると思ったのだ。

3日後に再度電話があった。

「決まった？」

「お宅に背の高い、脚の長いノーコン投手がいましたよね。何て名前だっけ」

「誰だろう……、江本のことかな」

「ああ、そんな名前でしたね」

「本当にいいの？　江本で。今年入ったばかりだけど1勝もしてないよ」

「高橋博士と1対1じゃ天秤にかからないから、誰かつけてもらえますか」

「じゃあ佐野嘉幸はどうだい。遊撃・二塁を守れる」

そんなわけで2対1の交換トレードが成立した。

江本はスリークォーター気味の投球フォームで、本人は決め球のフォークを「エモボール」と言っていたようだが、そんな格好つけたことの言える段階の投手ではなかった。

球威はあったが、四死球が多かった。狙ったところに投げられない。ストライクを入れるのが精一杯だったし、投球を組み立てるどころではない。

よく言えば本格派だが、私がストライクゾーンのド真ん中に構えて、投球が四方に勝手に散っていった。

・71年　26試合0勝4敗　60回⅔　61安　35四　29振　防5・02
・72年　38試合16勝13敗　237回⅓　205安　118四　115振　防3・04

期待の証に背番号16を付けさせた移籍1年目の72年、その背番号と同じ16勝。パ・リーグが前期・後期の2シーズン制（65試合ずつ）を導入した翌73年は、12勝をあげ前期優勝に貢献、阪急とのプレーオフ第5戦で胴上げ投手となった。

南海で4年連続2ケタ勝利。江夏豊とのトレードで移った阪神でも、さらに4年連続2ケタ勝利をあげるまでの投手になった。

江本は「野村再生工場」の最高傑作である。

江本孟紀（えもとたけのり）
【再生・投手】
47年7月22日生まれ、
188cm 77kg、右投げ右打ち
★高知・高知商高→法政大中退→熊谷組→71年東映（ドラフト外）→72年南海→76年阪神（～81年）
395試 113勝 126敗 19S 防3.52
1978回⅔ 1794安 822四 1130振
■オールスターゲーム出場4度
★高卒時、西鉄ドラフト4位拒否。法政大同期に東京六大学48勝山中正竹、1年先輩に田淵幸一。
72年から8年連続2ケタ勝利。南海1年目16勝、江夏豊とのトレードで移籍した阪神1年目15勝。
「ベンチがアホやから野球がでけへん」の言葉を残して引退。
四球王2度、日本記録ボーク24。

山内新一

南海ホークス

Shinichi Yamauchi

天然スライダーで20勝2度

72年オフのトレード、山内新一も大成功。「再生工場」大傑作の一例だ。このトレード話の内幕も、もう時効だろう。当時8連覇中、巨人の川上哲治監督（52歳）から連絡があった。

「長嶋茂雄（＝36歳。74年限りで引退）の後釜に富田勝内野手を欲しい」

「電話では何ですから、いっぺん会っていただけますか」

ある料亭で食事をしながらトレードの話をした。

巨人が組織として凄いと思ったのは、トレード交渉の場に長嶋を同席させたことだ。「彼は近い将来、監督をやるので、トレードがどういうものか経験させてやりたい」と。長嶋は黙って横に座って、川上さんと私（＝37歳。長嶋と同学年）のやりとりを聞いていた。

「富田*は、法大で田淵幸一・山本浩司（浩二）と主軸を任されていた南海のドラフト1位、ウチでも三番を打ってます。交換要員は新浦寿夫投手を考えています」

「新浦君は将来、巨人のエースになる素材だ。彼は勘弁してくれ」

「どの投手なら出せますか」

「山内はどうかね」

「山内？　何年ぐらい巨人に？」

「5年在籍で計14勝（11敗）ほどしている」

「今年は何勝したんですか」

「まあ、勝ってないのだが……」

「それでは天秤にかからないでしょう」

「わかった。松原明夫（＝福士敬章。4年間0勝3敗）をつけよう。ただし、条件がある。松原がよくなったら返してくれ」


そんなわけで、富田と0勝投手2人を交換した。

とにかく投手が足らなかった。投手と名が付けば、喉から手が出るほど欲しかった。それに私には変な自信があった。まったくのノーコン投手はどうにもならないが、ストライクさえほうれれば捕手の私が何とかする、と。

山内はヒジを痛めて以来、ヒジが「く」の字に曲がっていて、まっすぐに伸びない。だから、意識的に球をひねるわけではないのに、普通に投げていてナチュラルにスライダーの変化をする。

巨人では「ちゃんとまっすぐを投げろ」と言われたらしいが、「天然スライダー、最高の球じゃないか。親から授かった素晴らしい武器や」と私はその特徴を褒めた。

自信をつけさせようとして4月下旬、「何点取られてもいいから外角一辺倒の投球をしてみようや」と告げて、淡白な打線の太平洋クラブライオンズ戦で先発させたら、みごと初完投初完封をマークした。

「おお、よかったな、おめでとう!」

「でも記者に、完封しても奪三振は3個だけですねと言われました」

「そんなもんに耳貸すな。村田兆治(ロッテ)がスピードとフォークボールで20勝するなら、お前はコントロールと天然スライダーで20勝せえ」

天然スライダーのスピードは手頃だし、打ちに行くと微妙に動くから引っかける。面白いように

＊ 富田はプロ2年目の70年、全130試合出場、145安打の打率・287、23本81打点を叩き出し、以後レギュラー格。巨人に移籍したあと、75年富田・高橋一三⟷張本勲のトレードで日本ハム移籍。通算1087安打。新浦は静岡商高で68年夏の甲子園準優勝投手、中退して同年巨人入団。71年4勝、78年と79年に連続15勝でエースに。のちに韓国プロ野球、大洋、ヤクルトと移籍。通算116勝39セーブ

内野ゴロ、凡打の山を築く。

それでもさすがにスライダー一辺倒では狙われる。右打者が右方向へ打ってきたら嫌だから、そのタイミングで内角にボール球、捨て球を使う。その配球で、さらに天然スライダーが効果的な威力を発揮した。

山内が、また新聞記者の質問を受けていた。

「変身の要因は?」

「野村さんのおかげです。感謝しています」

「セ・リーグの名捕手である巨人の森捕手のリードと、どう違うのですか?」

「森さんは出来上がった投手を受けるのがうまい。野村さんは、僕らみたいな安物の投手を受けるのがうまい」

思えば、森昌彦(現・祇晶)は巨人での現役時代、藤田元司、堀本律雄、堀内恒夫、高橋一三ら名だたるエース級の投球を受け、西武監督時代も東尾修、郭泰源、工藤公康、石井丈裕、渡辺久信らタイトルホルダーがそろっていた。森は横浜監督就任1年目の01年は3位だったが、谷繁元信捕手や小宮山悟投手が移籍した翌年は最下位に沈んだ。

とはいえ、そのおかげで私は1球たりとも気が抜けなかった。ぶつぶつ打者にささやいたり、心理的に揺さぶったり……（私が退団した78年、山内は3勝16敗と大幅負け越し）。

だが、そんなことは嬉しい悲鳴であった。この73年、山内が0勝からいきなり20勝、江本孟紀が16勝、松原が0勝から7勝。私はプレイング・マネージャー初優勝の美酒に酔った。

山内は73年と76年の20勝を含む計8度の2ケタ勝利をあげる。だがタイトルは、73年は21勝の成田文男（ロッテ＝通算175勝）、76年は26勝の山田久志（阪急＝通算284勝）に持っていかれた。

当時のパ・リーグには鈴木啓示（近鉄＝通算317勝）を筆頭に、東尾修（西鉄・太平洋・クラウン・西武＝通算251勝）、村田兆治（東京・ロッテ＝通算215勝）、高橋直樹（東映・日拓・日本ハム＝通算169勝）、金田留広（東映・日拓→ロッテ＝通算128勝）ら、そうそうたるエースがいた。

タイトルホルダーとなって球史に名を刻むという点では、山内には時代が悪かった。残念だったとしか言いようがないが、通算143勝は十分誇れる数字である。

山内新一（やまうちしんいち）
【再生・投手】
47年12月3日生まれ、
181㎝82㎏、右投げ右打ち
★島根・邇摩高→三菱重工三原→
68年巨人（ドラフト2位）→
73年南海→84年阪神（～85年）
431試合143勝142敗0S防3.74
2459回2567安　693四　774振
■オールスターゲーム出場6度
★73年富田勝とのトレードで南海に移籍、
スライダーと制球を武器に
前年未勝利からいきなり20勝をあげて
優勝に貢献。
76年にも20勝をあげたが、
鈴木啓示、山田久志、東尾修、村田兆治、
高橋直樹らの存在もあって
タイトルとは無縁。
311試合連続先発は日本記録。

松原明夫

南海ホークス

Akio Matsubara

巨人復帰拒否、一転ライバル

73年、富田勝内野手とのトレードで、山内新一とともに巨人から加入したのが、松原明夫（福士敬章）だ。

巨人で入団以来4年間未勝利だったのが73年に7勝をあげ、素質を開花させて優勝に貢献してくれた。

山内の外角スライダーとは対照的に、松原は内角シュートを有効に使った。普段はしゃべり方もおとなしいが、非常に闘争心があって投手らしい性格だったのだ。他にもチェンジアップとフォークボールを武器にした。

松原は73年から7勝、9勝、11勝と徐々にステップアップした。

77年に「20勝投手（74年）」の金城基泰（広島）と交換トレードとなる。

「ノムさんのたっての希望じゃなければ、金城は出したくなかった」と広島監督の古葉竹識は言っていた（金城は77年先発10勝、78年以降は江夏豊が抜けたストッパーのポジションを任せられる）。

ひとりだちを遂げた松原は広島で2度の15勝をあげ、優勝に貢献。巨人から「松原が成長したら返してくれ」と言われていたが、松原は復帰を拒否。一躍、巨人の優勝に立ちはだかるライバル投手となった。

また特に78年は、監督・古葉、コーチにドン・ブレイザー、先発・松原15勝、抑え・江夏5勝12セーブと、南海で私と同じ釜の飯を食べた野球人が、広島の赤いユニフォームで躍動した。

松原明夫（まつばらあきお）
【再生・投手】
50年12月27日生まれ、
182㎝91㎏、右投げ右打ち
★鳥取・鳥取西高→69年巨人（ドラフト外）→
73年南海→
77年広島（～82年）
339試合91勝84敗9S防3.68
1634回⅓　1666安　551四　785振
●最高勝率（80年）
■オールスターゲーム出場3度
★福士明夫（敬章）の登録名は79年から。
73年富田勝とのトレードで、
山内新一とともに移籍、
0勝から7勝。
金城基泰とのトレードで広島移籍、
チェンジアップ、フォーク、
内角球で15勝を2度。
83年三美の52勝中30勝をあげ、
投球の駆け引きを韓国球界に伝えた。

田畑一也

ヤクルトスワローズ

Kazuya Tabata

投げられる喜び

96年のトレード。田畑一也と佐藤真一（外野手）がヤクルトに来て、河野亮（一塁手）と柳田聖人（内野手）がダイエーに行った。燕と鷹の交換だ。

田畑の体はそう大きくないのだが、神宮外苑野球場での試合前練習で伊藤智仁とコンビを組んだとき、惚れぼれするキャッチボールを披露した。２人の糸を引くような投球が、相手のグラブに突き刺さる。お互い、胸元に置いたグラブの位置をほとんど動かさない。

一軍投手11～12人の中で、この２人は突出していた。ほとんどがドラフト1位か2位指名の投手だったが、ドラフト10位の田畑は、ドラフト1位の伊藤智の球に引けを取らなかった。

だが、田畑は負けん気の強い性格だったので、あるとき反骨神をあおってみた。

「ダイエーで計2勝か。まあしょせん、ファームの四番打者との交換やからな」

また、江本孟紀、山内新一、松原明夫（いずれも南海）らと同様、田畑には練習で打撃捕手をやらせた。

打撃投手に１００キロくらいの球を投げさせ、打者に打たせる。そんな素直な球でもコントロールよくコース、コーナーに決まったとき打者は打ち損じてしまう。つまり、投手にとってコントロールがいかに重要かということを、捕手を務めさせることで身をもって教え込んだわけだ。

それが奏功した。もともとカーブ、スライダー、チェンジアップ、フォークを、コントロールよく配球するタイプ。移籍1年目に12勝（12敗）、2年目の97年、実に15勝（5敗）をマークした。

先発ローテーションが確立していた97年の15勝は価値がある。しかも5敗しかしていない。

95年のセ・リーグ優勝監督だった私は、翌96年のオールスターゲームで全セを率いた。監督推薦で田畑をオールスターに出場させた。第1戦がダイエーの福岡、第2戦がヤクルトの東京、第3戦は田畑の故郷・富山。

今でも鮮明に思い出す。富山初のオールスター出場選手の凱旋登板に、富山アルペンスタジアムでの大歓声と鳴りやまない拍手、いつまでも続くウェーブ。まさに「田畑球宴」。監督推薦で田畑を選んでよかったとしみじみ思った。ドラフト10位からの大活躍は、地元ばかりか全国のファンを勇気づけた。

97年の巨人戦1安打完封勝利も印象深い。97年の日本一の祝勝会で、田畑の奥さんに挨拶された。夫人は槍投げの元選手で、田畑に「もっとヒジを上げなさい」と尻を叩いていたらしいが、「監督が主人を使ってくれたおかげです」と。

リハビリ中の伊藤智は肩痛・ヒジ痛で「投げたくても投げられない」と話していたが、田畑は「ダイエーでは、投げたいのに投げさせてもらえなかった」と言っていた。微妙な言葉の違いとはいえ、意味は大きく異なる。どちらの場合も投手にとってはつらいし、投げてこそ投手なのだと再認識させられた。

私はしばしば「再生工場の工場長」などと呼ばれるが、97年は投の田畑、打の小早川毅彦。「再生の傑作」投打の代表的選手の活躍がこの年に集中し、3度目の日本一になった。

◆田畑一也（たばたかずや）
【再生・投手】
69年2月27日生まれ、
178㎝80㎏、右投げ右打ち
★富山・高岡第一高→
北陸銀行→田畑建工→
92年ダイエー（ドラフト10位）→
96年ヤクルト→
00年近鉄→01年巨人（～02年）
166試合37勝36敗1S　防4.14
632回⅓　643安　225四　376振
■オールスターゲーム出場2度
★ダイエーの入団テストに合格、
ドラフト会議の
12球団最終で指名された。
93年富山県出身投手のプロ勝利は、
河文雄（阪神）以来42年ぶり。
田畑・佐藤真一⟷
河野亮・柳田聖人の
トレードでヤクルト移籍。
ダイエー4年間で2勝だったのが、
96年12勝、97年15勝。

●再生・打者

小早川毅彦

ヤクルトスワローズ

Takehiko Kobayakawa

4年連続開幕完封打ち砕く3連発

小早川毅彦は、広島時代の84年新人王。87年江川卓（巨人）を引退に追い込む強烈な本塁打を放った強打者だ。ただ、いいものを持っていながら天性だけでやっているな、もったいないなという印象をぬぐえなかった。広島を自由契約になった96年オフ、球団に頼んで獲得に動いてもらった。

私のヤクルト監督の歴史は、すなわち巨人との開幕対決の歴史であった。

たとえば、90年開幕戦は「疑惑のアーチで敗戦」（内藤尚行が篠塚利夫に打たれたポール際、ファウルの飛球を本塁打と判定される）→5位。

95年（開幕第2戦）は「桑田真澄の飯田哲也への危険球退場から逆転勝ち」→1位。

開幕戦は単に130試合分の1ではない大事さがあるし、巨人とシーズン五分で戦うことが優勝の条件であるのは、過去の対戦成績が如実に証明していた。

	ヤクルト		巨人	
92年	【1位】	13勝	13勝	【2位】
93年	【1位】	12勝	14勝	【3位】
94年	【4位】	11勝	15勝	【1位】
95年	【1位】	17勝	9勝	【3位】
96年	【4位】	7勝	19勝	【1位】

97年、巨人の先発は、なんと4年連続開幕戦完封を狙おうかというサイドスローの斎藤雅樹だ。95年は開幕完封負けを喫しているし、96年は斎藤に対して0勝6敗と手も足も出なかった。左打者で攻略したい。ヤクルトの優勝時には92年・93年ジャック・ハウエル、95年トーマス・オマリーと、左の強打者がいた。

しかしこの97年、デュエイン・ホージーという新助っ人外野手（両打ち。結果的に38本で本塁打王、100打点）がいたが、オープン戦での打撃は目を覆うばかりの惨状で計算できなかった。

小早川は法政大1年生から四番を打った。プロ1年目は新人王。97年東京ドームでの開幕戦、私は五番打者に抜擢した移籍1年目の小早川にアドバイスを送った。
「打席でのお前を見てると、頭を使っているようには全く見えんが……」
「バッティングは頭脳と感性や。ある程度、次の球に対して備えろよ」
データを参考に、大まかに備えることを指示したのである。

果たせるかな、小早川は2回・4回・6回と1試合3連発を放った。そして97年、ヤクルトは優勝街道をひた走るのだ。

小早川はこの年、116試合77安打の打率・249、12本塁打、33打点。いささか尻すぼみに終わったものの、思えば、値千金の開幕戦3連発だった。いや、小早川の開幕3連発が「97年ヤクルトのすべて」だった。

私は選手たちに、「同じように努力しても結果が変わらないのなら、まず自分の中の何かを変えてごらん」と話す。それが「再生」の1つの方法だからだ。
「考え方が変われば行動が変わる。行動が変われば習慣が変わる。習慣が変われば人格が変わる。人格が変われば運命が変わる。運命が変われば人生が変わる……」

昔、私が不振で、ロッカールームで頭を抱えて悩んでいる時期があった。先輩が「野村、ぶん殴ったほうは忘れても、殴られたほうは忘れていないものだよ」。

ああ、そういうことか。「本塁打した打者は忘れていても、打たれた投手は何とか打たれまいと考える」。相手は変わっている。だから自分も変わる勇気を持たなくてはならない。さりげない言葉がズシンと来ることがある。あれはいいアドバイスだった。「進歩とは変わること」なのだ。

そして、「孫子の兵法」の「彼を知り己を知れば百戦して殆《あや》うからず」。敵と味方の情勢を知って、その優劣短所を把握していれば、たとえ百回戦ったとしても敗れることはないという意味だ。

2500年も前から言われていること。それがいまだに通用しているのだから、勝負の世界はそういう意味では単純かもしれないし、それを忘れてはならないということだ。そうしないことには戦略も戦術も生まれない。対応策など、敵を知らなければ出てこない。野球はすべて状況判断のスポーツなのだ。

開幕の巨人戦を重視して対策をたてる、小早川は1年目に強い、斎藤のカーブを狙う。すべての条件を満たしての小早川の再生3連発と開幕戦勝利、そして優勝であった。

小早川毅彦（こばやかわたけひこ）
【再生・打者】
61年11月15日生、
183㎝93㎏、右投げ左打ち
★大阪・PL学園高→法政大→
84年広島（ドラフト2位）→
97年ヤクルト（～99年）
1431試　1093安　率.273
171本　626点　34盗　62失
●新人王（84年）
■オールスターゲーム出場2度
★東京六大学で三冠王。
プロでも1年目からクリーンアップ。
87年、巨人・江川に引退を決意させる
本塁打を放った。
94年から控えに回り自由契約。
97年、4年連続開幕戦完封勝利を
狙う巨人・斎藤雅樹からの3打席連続アーチは、
95年オマリーの神宮開幕3連発の再現だった。

山﨑武司

東北楽天ゴールデンイーグルス

Takeshi Yamasaki

遅咲き、大器晩成

山﨑武司は「再生・打者」部門ともう1つ、「DH」というカテゴリーでも名前があがる。

パ・リーグの野球にDH（指名打者）制が導入されたのが75年から。低迷するパ・リーグ人気を盛り上げようとした1つのアイデアから生まれた。だが正直なところ、私はもともとDH制が好きではない。

やはり野球は「守って打つ」が基本。10人でやるような野球はダメ。野球は9人でやるもの。9人制で、打順九番投手のところにチャンスが来て、代打を出すか、そのまま打たせるか、それも監督の仕事。それを考えないから監督も育たない。

とはいえ、DH制で選ぶとなると、やはりイの一番は山﨑なのだ。

私がヤクルト監督時代、「中日の山﨑」とはよく対戦していた。96年にMVPの松井秀喜（巨人）以上の成績を残した（127試合、146安打の打率・322。39本で本塁打王、107打点）。

私が阪神監督1年目の99年は、福原忍が山﨑に逆転サヨナラ3ランを喫したのを記憶している。

その後、山﨑は移籍したオリックスを自由契約になって、楽天に移った。

1年遅れて楽天監督に就任した私のもとで野球をやることになる。やはり才能にまかせて野球をやっているようにしか見えなかった。

「球種にヤマを張れとは言わんが、おおまかに外角か内角か、ストレート系か変化球か、確率の高い球に備えたらどうや。山﨑といえば相手はホームランを打たれたくないと考えるんだから、読みやすいやろう」と告げた。

打撃は「備え」で7～8割決まる。来た球を打つだけでは策がなさ過ぎる。そんなに難しいことではない。

例えば、カウント2ボール0ストライク、3ボール1ストライク。内角にストライクを投げさせるなんて発想、バッテリーにはまずない。せっかく右方向に大きな打球を飛ばせるのだから、せめて、ここは内角はないから外角に備えよう、とか。

私が長い間、捕手でリードしていて「打つ方向を決めて打席に臨む」打者が一番嫌だった（野村克也の項「捕手編」打者のタイプC型）。外角でカウントを取りたい場面で、中堅から右方向に打ってくるのではないか。そうかといって内角に行けば、間違ったらカウントをわるくするか本塁打される危険性もある。

そんな内容を言った覚えがある。

山﨑が私の話を素直に聞き入れてくれるようになったのは、監督就任2年目の07年、アドバイス通りに打ち、苦手にしていた和田毅（ソフトバンク）から2打席連続本塁打してからだ。

「過去のデータからして初球からストライクを取ってくる。いつも打ち取られている外角スライダーを狙って勝負したらどうだ」

その年、39歳の山﨑は本塁打と打点の2冠を獲った。私は38歳から打球がフェンス前で失速したというのに、たいしたものだ。

・07年39歳＝141試合、132安打の打率・261、43本塁打108打点。
・09年41歳＝142試合、132安打の打率・246、39本塁打107打点。

山﨑は楽天移籍前の18年間で211本塁打、楽天7年間で191本塁打、大器晩成だ。また39歳43本塁打、40歳26本塁打、41歳39本塁打、42歳28本塁打。史上17人目の通算400号も、史上最年長の42歳9カ月で達成した。

「不惑の本塁打王」の門田博光（南海）は39歳31本塁打、40歳44本塁打、41歳33本塁打、42歳31本塁打。

「いろいろ教えてくれた野村監督へのせめてもの恩返しに、優勝して監督を胴上げしたい」

常々そう言ってくれていた。

09年10月24日、楽天がクライマックスシリーズ・ファイナルステージで日本ハムに敗れて、その言葉は残念ながら叶わなかった。私は楽天のユニフォームを脱ぐことが決まっていた。

しかしその日、山﨑をはじめとする楽天ナイン、日本ハムナインが私を胴上げしてくれた。

山﨑はその後、中日に復帰。13年7月引退を発表。「野村監督と同じ27年間現役をやれて嬉しい。本当によかった」と引退記者会見で語っていた。よく頑張った。お疲れ様とねぎらってやりたい。

山﨑武司（やまさきたけし）
【再生・打者】
68年11月7日生まれ、
182㎝100㎏、右投げ右打ち
★愛知・愛工大名電高→
87年中日（ドラフト2位）→
03年オリックス→05年楽天→
12年中日（12年現在）
2198試　1821安　率.257
403本　1198点　14盗　41失
●本塁打王（96年·07年）、
打点王（07年）
ベストナイン（外野手96年、
指名打者07年・09年）
■オールスターゲーム出場6度
★捕手で入団も外野手転向。
96年巨人・松井秀喜と
中日・大豊泰昭を
1本差で抑えて初キング。
平井正史とのトレードで
オリックス移籍、
04年自由契約。
楽天で野村監督に配球を読んで
打つことの重要さを説かれ、
07年39歳で43本108点、
09年41歳で39本107点と大飛躍。

おわりに

野球を通しての人間形成、言葉での人材育成

プレイング・マネージャーだった南海を退団した77年オフ、師と仰いだジャーナリストの草柳大蔵*さんに、私の差し迫った胸中を吐露した。

「42歳です。このまま現役を引退すべきなのでしょうか」

「フランスのフォール首相は74～75歳でロシア語を学び始めました。生きているうちは何事も勉強です。禅の『生涯一書生』という言葉を野村さんに贈りましょう」

それをきっかけに私の「生涯一捕手」という言葉が生まれた。私はロッテ、西武と渡り歩き、80年45歳まで現役ユニフォームを着続けた。思えば楽天監督のユニフォームを脱いだのが74歳だった。

現役引退後、草柳さんは『活眼活学』（安岡正篤）という本を私に選んでくれた。

「本を読みなさい、野村さん。言葉は大事です」

評論家時代の9年間は、とにかく片っ端から本を読んだ。言葉を学んだ。ときには無為に感じら

れることもあったが、やはり草柳さんの言葉に救われた。

「見ている人は見ていてくれるものですよ」

89年、私はヤクルト・相馬和夫球団社長に監督就任の打診を受けた。

ドラフト会議では83年荒木大輔（早稲田実高）、84年高野光（東海大）、85年広沢克己（明治大）、86年伊東昭光（本田技研）、88年長嶋一茂（立教大）と、相馬社長は1位指名競合選手をことごとく引き当てた。左手で引くことから「黄金の左」の異名を取り、強運の持ち主としても知られている。

「セ・リーグやヤクルトに、縁もゆかりもない私をなぜ？」

「野村さんの野球解説を見聞きして心酔いたしました。ぜひウチのチームに野球の神髄を叩き込んでいただけませんか」

私がヤクルト監督を9年間も続けられたのは、結果を出したことも当然その理由だが、相馬社長が私に全幅の信頼を置いてくれたおかげだ。

＊　草柳大蔵＝東京帝国大卒。産経新聞社を経て、大宅壮一に師事。週刊新潮、週刊女性の創刊に携わる。文藝春秋読者賞、ＮＨＫ放送文化賞を受賞。１９２４年生～２００２年没。

「何でも言ってください。できるだけ意に添えるように、全面的なバックアップをさせてもらいます。でも、もしうまくいかなかった場合は、監督1人に責任を負わせません。私も一緒に辞めます」

私が監督に就任した年から、要望通りすべてドラフト1位で即戦力投手を獲得してくれている。90年西村龍次（ヤマハ）、91年岡林洋一（専修大）、92年石井一久（東京学館浦安高）、93年伊藤智仁（三菱自動車京都）。

男気のある社長が、後ろで支えてくれていたからこそ思い切ったことができた。だから私はこんなことを提案し、相馬社長にも了解を得た。

「巨人人気、長嶋茂雄監督人気を利用して、野球界を盛り上げましょう」

ヤクルトファンにはアンチ巨人が多いから、巨人批判、長嶋批判をやればヤクルトファンは喜ぶだろう。営業的には観客動員にもつながって、ひいては野球界発展につながる。相馬社長も「もうすべてお任せします」と。マスコミも「遺恨」をあおった。

それが巨人側にきちんと伝わっていなかったのか、長嶋が本気に取ったようだ。

長嶋本人だけでなく、長嶋一茂も、娘さんの三奈さん（現・スポーツキャスター）も。言い訳するわけにもいかず、あれには正直、参ったが……。

結局、ヤクルトで四度「勝利の美酒」に酔い、阪神、楽天でユニフォームをまとった。そして改めて思った。

人間は「人の間」と書く。人間社会において、言葉は実に大切だ。適切、的確な言葉で表現できるかどうかは、人間の度量を示す大切なものさしとなる。

特に監督など上に立つ者は、部下のモチベーションを高めるために、言葉の使い方を間違えてはならない。監督は自らの意思を伝達することが仕事であり、伝達の道具が言葉なのだ。

そして人間の一番の評価は、後世に人材を残すか否かで決まるのではないか。選手時代から始まって、ドン・ブレイザーに触発され、監督生活24年でさらに高まった私の「考える野球」。

そのＤＮＡが、この本に掲載した50人をはじめ、セ・パ両リーグ、そして２０１３年ＷＢＣでオランダやキューバにも広まっていることがわかった。

野球を通しての人間形成、言葉を通して人を育てることで、僭越ながら少しは世の中のお役に立てたのではないかと思う。

【監督・野村克也が選んだ教え子ベストナイン】

投手は先発と救援、外野手は4人、
「野村再生工場」から投手と打者を1人ずつ。
選び抜かれた13人の弟子たち。

先発投手	伊藤智仁	(ヤ) 93年～03年	歴代最強「高速スライダー」
救援投手	江夏 豊	(南) 67年～84年	ストッパー序章
捕　　手	古田敦也	(ヤ) 90年～07年	捕手像を変えた男
一 塁 手	オマリー	(ヤ) 91年～96年	意地の30本MVP
二 塁 手	土橋勝征	(ヤ) 87年～06年	脇役の中の主役
三 塁 手	ハウエル	(ヤ) 92年～95年	劇的サヨナラ弾5本
遊 撃 手	宮本慎也	(ヤ) 95年～	攻撃的な守備は、最大の防御なり
左 翼 手	門田博光	(南) 70年～92年	不惑の本塁打王
中 堅 手	広瀬叔功	(南) 55年～77年	天才の盗塁
	飯田哲也	(ヤ) 87年～06年	世紀のバックホーム
右 翼 手	稲葉篤紀	(ヤ) 95年～	運命の一発、努力の守備
再生投手	江本孟紀	(南) 71年～81年	南海優勝の胴上げ投手
再生打者	山﨑武司	(楽) 87年～12年	遅咲き、大器晩成

※チーム名は野村監督下で所属していたところ。年は現役だった期間

取材・構成／飯尾　哲司
帯写真／大山友輝朗

野村克也（のむらかつや）
1935年京都府生まれ。'54年南海にテスト生で入団し、3年目から頭角を現す。4年目に本塁打王獲得。'65年、三冠王に輝く。'78年ロッテ、'79年西武へと移り、'80年に45歳で引退するまで「生涯一捕手」を座右の銘に27年間現役生活を続けた。'70～'77年南海のプレイング・マネージャーを皮切りに、'90～'98年ヤクルト、'99～2001年阪神、'06～'09年楽天の監督を歴任。日本球界に「考える野球」を導入し、一つの革命を起こす。'09年74歳は最年長監督記録。監督通算24年間で3204試合1565勝1563敗76引分。「弱いチームを再生」し、5度のリーグ優勝、3度の日本一を含む12度のAクラス入りを果たした。

私《わたし》の教《おし》え子《ご》ベストナイン

2013年9月20日初版1刷発行
2020年2月29日　5刷発行

著　者 ── 野村克也
発行者 ── 田邉浩司
装　幀 ── アラン・チャン
印刷所 ── 堀内印刷
製本所 ── 榎本製本
発行所 ── 株式会社光文社
東京都文京区音羽1-16-6(〒112-8011)
https://www.kobunsha.com/
電　話 ── 編集部03(5395)8289　書籍販売部03(5395)8116
業務部03(5395)8125
メール ── sinsyo@kobunsha.com

 ISBN 978-4-334-03765-9

光文社新書

638
アベノミクスのゆくえ
現在・過去・未来の視点から考える
片岡剛士

気鋭のエコノミストが、アベノミクスを支える〝3本の矢〟――「大胆な」金融政策、「機動的な」財政政策、「民間投資を喚起する」成長戦略の現状評価と今後のゆくえを論じる。

978-4-334-03741-3

639
エースの覚悟
前田健太

球界のエース前田健太の本格投球論がついに登場！ 体格やパワーに恵まれなかった投手が成功した秘密とは？ 常に成長を求め続けるマエケンの〝エースの心得〟を大公開！

978-4-334-03742-0

640
世界は「ゆらぎ」でできている
宇宙、素粒子、人体の本質
吉田たかよし

宇宙の暗黒物質も、素粒子も、人体も、自然界にあるものは目に見えない物質の「ゆらぎ」から成り立っている。何が、どう揺らいでいるかを知れば、科学はいっそう面白くなる。

978-4-334-03743-7

641
アゴを引けば身体が変わる
腰痛・肩こり・頭痛が消える大人の体育
伊藤和磨

腰痛患者2800万人！ 日本から腰痛をなくすには？ 1800人を超える慢性痛患者を診てきたトレーナー・腰痛スペシャリストが教える、「図解」正しいカラダの使い方。

978-4-334-03744-4

642
〈オールカラー版〉
欲望の美術史
宮下規久朗

美術は、人間の様々な欲望を映し出す鏡でもある。食欲、愛欲、金銭欲、祈りetc.。世界的名画から刺青まで、四つの観点から「美が生まれる瞬間」を探る。

978-4-334-03745-1

643
日本語は「空気」が決める
社会言語学入門
石黒圭

特に日本語は、「正しさ」よりも「ふさわしさ」が肝要。話し言葉、メール、方言、若者語……実際に使われている言葉と社会の関係を科学することで、「伝わる日本語」のコツが見えてくる…！

978-4-334-03746-8

644
日本百名宿
柏井壽

ニッポンを、知る旅は宿にあり——年間二五〇泊する著者が自信を持っておすすめするあなたの知らない絶景、温泉、美食の宿一〇〇軒を厳選。完全保存版、もう宿選びには迷わない。

978-4-334-03747-5

645
世界は宗教で動いてる
橋爪大三郎

世界の人々の発想や行動様式は、宗教に支配されている——世界の宗教について比較研究を行ってきた著者が、主要な文明ごとに、社会と宗教の深いつながりをわかりやすく解説！

978-4-334-03748-2

646
「対面力」をつけろ！
齋藤孝

人と対面したとき、緊張してしまう、間が怖い、疲れる、嫌だ——そんな悩みは「対面力」をつければ解決する！　日々実践できる手軽で楽しい対面力向上トレーニング方法を満載。

978-4-334-03749-9

647
プロ野球は「背番号」で見よ！
小野俊哉

本塁打が最も多い背番号は3番？　8番？　最も勝率が高い背番号は11番？　18番？　イチローはなぜ51？——背番号にまつわる記録と物語を知れば、プロ野球は数百倍面白くなる！

978-4-334-03750-5

光文社新書

648
サイドバック進化論
名良橋晃

守備の要かつ攻撃の起点であるサイドバックが分かればサッカーを見る目が変わる。鹿島の黄金期を支えた元日本代表の著者が贈る、新しいサッカーの教科書。内田篤人選手推薦!!

978-4-334-03751-2

649
失礼な敬語
誤用例から学ぶ、正しい使い方

野口恵子

現代日本人に最も好まれている敬語「いただく」の過剰使用からマニュアル敬語まで。豊富な誤用例から、敬語（尊敬語・謙譲語・丁寧語など）のシンプルで正しい使い方を知る。

978-4-334-03752-9

650
ドキュメント 深海の超巨大イカを追え！
NHKスペシャル深海プロジェクト取材班＋坂元志歩

二〇一三年一月に放送され、一六・八%の視聴率を記録した「NHKスペシャル 世界初撮影！深海の超巨大イカ」の公式ドキュメント。撮影の舞台裏に迫る科学ノンフィクション。

978-4-334-03753-6

651
修業論
内田樹

著者が40年の合気道稽古で辿り着いた「無敵の境地」とは。武道家、研究者、生活人としてその「生身」において獲得したウチダ哲学の核心とは。現代を生きる人々に贈る「修業のすすめ」。

978-4-334-03754-3

652
蔵書の苦しみ
岡崎武志

「多すぎる本は知的生産の妨げ」「本棚は書斎を堕落させる」「血肉化した500冊があればいい」――2万冊を超える本の山に苦しむ著者が格闘の末に至った蔵書の理想とは？

978-4-334-03755-0

653
鉄道旅行 週末だけでこんなに行ける！
所澤秀樹

忙しい人も、少しの工夫で盛りだくさんの旅行が鉄道なら楽しめる。時間がない人向けに鉄道旅行のコツをたっぷり紹介。週末だけで北海道や九州・四国を旅してまわる大技も披露！

978-4-334-03756-7

654
ものづくり成長戦略
「産・金・官・学」の地域連携が日本を変える
藤本隆宏 柴田孝［編著］

「現場の視点」を抜きにした長期成長戦略はありえない——。東大「ものづくり経営研究センター」の誕生から全国に広がったプロジェクトの現状を紹介。発想と実践方法を学ぶ一冊。

978-4-334-03757-4

655
あんな「お客《クソヤロー》」も神様なんすか？
「クレーマーに潰される！」と思った時に読む本
菊原智明

お客様からのクレームは仕事においてもっとも憂鬱なトラブルだ。元トップ営業マンが実体験から導き出した「逃げない」対処法。お客様に「クソヤロー」と叫ぶ前にどうぞ。

978-4-334-03758-1

656
99・9%が誤用の抗生物質
医者も知らないホントの話
岩田健太郎

抗生物質は本当は何に「効いて」何に「効かない」のか。漫然と処方され続けることで起きている危機的状況、知らずに曝されているリスクとは——。医者と患者と薬の関係を問い直す。

978-4-334-03759-8

657
1日で学び直す哲学
常識を打ち破る思考力をつける
甲田純生

好きな哲学者も座右の銘も、何ひとつ浮かばない……。そんな人こそ、教養として哲学的思考を身につけたいもの。ソクラテスからハイデッガーまで、哲学の面白さを凝縮した一冊。

978-4-334-03760-4

658
子どもの遊び　黄金時代
70年代の外遊び・家遊び・教室遊び
初見健一

ろくむし、壁野球、スーパーカー消しゴム、コックリさん……。70年代の子どもの遊びはバリエーションに富んでいた。TVゲーム登場前の楽しい遊びの数々をルールとともに紹介。

978-4-334-03761-1

659
個人情報ダダ漏れです！
岡嶋裕史

スマホアプリにアドレス帳の情報を抜かれた。／ツイッターの書き込みから、自宅を特定された。／PCの遠隔操作ってそんなに簡単にできるの？――スマホ時代の個人情報防衛術。

978-4-334-03762-8

660
人生で大切なことはラーメン二郎に学んだ
村上純

関東を中心に店舗を広げ、熱狂的なファンを増やし続けるラーメン二郎。行列に並び、凄まじい量に苦しみつつも食べたくなるのは一体なぜ？　その魅力を徹底解剖し、二郎愛を語り尽くす。

978-4-334-03763-5

661
ルネサンス　三巨匠の物語
万能《レオナルド》・巨人《ミケランジェロ》・天才《ラファエッロ》の軌跡
池上英洋

同時代を生きた三人の芸術家は、フィレンツェで、ローマで、どう出会い、何を感じ、何を目指したのか――。史実と仮説を織りまぜながら、これまでになかった人間ドラマを描く。

978-4-334-03764-2

662
私の教え子ベストナイン
野村克也

辛口ノムさんが監督を務めた南海、ヤクルト、阪神、楽天のチームメイトからベストナインを選出！　おなじみの野村節と弟子たちの生き様から人生哲学も学べる濃厚な一冊。

978-4-334-03765-9